U1007792

圣哲老子的千古真传

强玉红　沈　强　著

中国社会出版社
国家一级出版社 · 全国百佳图书出版单位

图书在版编目(CIP)数据

圣哲老子的千古真传 / 强玉红，沈强著 . -- 北京 ：
中国社会出版社，2021.12
ISBN 978-7-5087-6633-1

Ⅰ. ①圣… Ⅱ. ①强… ②沈… Ⅲ. ①《老子》-研
究 Ⅳ. ① B223.15

中国版本图书馆 CIP 数据核字 (2021) 第 211161 号

出 版 人：浦善新
责任编辑：张明林
责任校对：张翠萍
终 审 人：陆 强
策划编辑：刘宏国
封面设计：魏大庆

出版发行：中国社会出版社
邮政编码：100032
网 址：shcbs.mca.gov.cn
地 址：北京市西城区二龙路甲 33 号
编 辑 部：(010)58124837
发 行 部：(010)58124864；58124848
经 销：新华书店

印刷装订：临沂市第三印刷厂
印 张：13.25
版 次：2021 年 12 月第 1 版
定 价：58.00 元
开 本：170 mm×240 mm 1/16
字 数：170 千字
印 次：2022 年 7 月第 1 次印刷

中国社会出版社微信公众号

中国社会出版社天猫旗舰店

目　录

老子简介

一、出生苦县

老子是中国古代思想家、哲学家、文学家和史学家，道家学派创始人和主要代表人物，因其深邃的哲学思想而被尊为“中国哲学之父”。在道教中，被尊为道教始祖，称“太上老君”。

老子大约于公元前 571 年出生于周朝春秋时期陈国苦县厉乡曲仁里。据《史记·老子列传》所说，老子即李耳，是楚国苦县厉乡曲仁里人。北京大学哲学系教授郭兰芳在《论老子哲学思想》中写道：老子姓李名聃，是楚国苦县的厉乡曲仁里人，生于春秋末期，曾任周王朝的图书馆长，老子当时管图书，是孔子的前辈，孔子曾向他问礼。说老子“陈国相人”或楚苦县人均可，因为相与苦是一个地方，即今天的河南省鹿邑县。

二、效力周室

老子先任周柱下史，后转为“守藏室之官”（管理藏书的官员）。有人认为老子就是老莱子，楚国人，跟孔子同时，曾著书十五篇宣传道家之用。在被推荐入周室效力之前，老子跟随常枞（商容）学习知识。

三、著书出关

后来老子看到周王朝越来越衰败，就离开故土，准备出函谷关去四处云游。把守函谷关的长官尹喜很敬佩老子，在老子过关之前，他就见有紫气从东而来，知道有大圣人过关。至老子来，就想方设法留住老子，对老子说：“先生想出关也可以，但是得留下一部著作。”老子亦知尹喜奇才，就在函谷关住下了，著《道德经》上下二卷授之，五千言，然后就骑着大青牛走了。《道德经》后成为传世之作。据联合国教科文组织统计，《道德经》是除《圣经》以外被译成外国文字发行量最多的文化名著。百度百科说《道德经》是全球文字出版发行量最大的著作之一。

四、死后加封

老子长寿，大约卒于公元前471年，享年101岁。唐高宗乾封元年（666年），封老子为太上玄元皇帝。宋真宗大中祥符六年（1013年），加号太上老君混元上德皇帝。

五、主要思想与著作

其代表作《道德经》，内容重在详尽论述作为宇宙本体、万物之源和运动规律的天道，并将这种天道用以观照人道，指导治国和修身，直面现实社会，涉及宇宙、自然、社会、人生等诸多方面。全书的思想结构是：道是德的“体”，德是道的“用”。

六、和老子有关的故事“孔子问礼”

老聃居周日久，学问日深，声名日响。春秋时称学识渊博者为“子”，以示尊敬，因此，人们皆称老聃为“老子”。

公元前523年的一天，孔子对弟子南宫敬叔说：“周之守藏室史老聃，博古通今，知礼乐之源，明道德之要。今吾欲去周求教，汝愿同去否？”南宫敬叔欣然同意，随即报请鲁君。鲁君准行。遣一车二马一童一御，由南宫敬叔陪孔子前往。老子见孔丘千里迢迢而来，非常高兴，教授之后，又引孔丘访大夫苌弘。苌弘善乐，授孔丘乐律、乐理。又引孔丘观祭神之典，考宣教之地，察庙会礼仪，使孔丘感叹不已，获益匪浅。逗留数日，孔丘向老子辞行。老聃送至馆舍之外，赠言道：“吾闻之，富贵者送人以财，仁义者送人以言。吾不富不贵，无财以送汝；愿以数言相送。当今之世，聪明而深察者，其所以遇难而几至于死，在于好讥人之非也；善辩而

通达者，其所以招祸而屡至于身，在于好扬人之恶也。为人之子，勿以己为高；为人之臣，勿以己为上，望汝切记。”孔丘顿首道：“弟子一定谨记在心！”行至黄河之滨，孔丘伫立岸边，不觉叹曰：“逝者如斯夫，不舍昼夜！黄河之水奔腾不息，人之年华流逝不止，河水不知何处去，人生不知何处归？”闻孔丘此语，老子道：“人生天地之间，乃与天地一体也。天地，自然之物也；人生，亦自然之物；人有幼、少、壮、老之变化，犹如天地有春、夏、秋、冬之交替，有何悲乎？生于自然，死于自然，任其自然，则本性不乱；不任自然，奔忙于仁义之间，则本性羁绊。功名存于心，则焦虑之情生；利欲留于心，则烦恼之情增。”孔丘解释道：“吾乃忧大道不行，仁义不施，战乱不止，国乱不治也，故有人生短暂，不能有功于世、不能有为于民之感叹矣。”

老子道：“天地无人推而自行，日月无人燃而自明，星辰无人列而自序，禽兽无人造而自生，此乃自然为之也，何劳人为乎？人之所以生、所以无、所以荣、所以辱，皆有自然之理、自然之道也。顺自然之理而趋，遵自然之道而行，国则自治，人则自正，何须津津于礼乐而倡仁义哉？津津于礼乐而倡仁义，则违人之本性远矣！犹如人击鼓寻求逃跑之人，击之愈响，则人逃跑得愈远矣！”

稍停片刻，老子手指浩浩黄河，对孔丘说：“汝何不学水之大德欤？”孔丘曰：“水有何德？”老子说：“上善若水：水善利万物而不争，处众人之所恶，此乃谦下之德也；故江海所以能为百谷王者，以其善下之，则能为百谷王。天下莫柔弱于水，而攻坚强者莫之能胜，此乃柔德也；故柔之胜刚，弱之胜强坚。因其无有，故能入于无间，由此可知不言之教、无为之益也。”孔丘闻言，恍然大悟道：“先生此言，使我顿开茅塞也：众人处上，水独处下；众人处易，水独处险；众人处洁，水独处秽。所处尽人之所恶，夫谁与之争乎？此所以为上善也。”老子点头说：“汝可教也！汝可切记：与世无争，则天下无人能与之争，此乃效法水德也。水几于道：道无所不在，水无所不利，避高趋下，未尝有所逆，善处地也；空处湛静，深不可测。善为渊也；损而不竭，施不求报，善为仁也；圜必旋，方必折，塞必止，决必流，善守信也；洗涤群秽，平准高下，善治物也；以载则浮，以鉴则清，以攻则坚强莫能敌，善用能也；不舍昼夜，盈科后进，善待时也。故圣者随时而行，贤者应事而变；智者无为而治，达者顺天而生。汝此去后，应去骄气于言表，除志欲于容貌。否则，人未至而声已闻，体未至而风已动，张张扬扬，如虎行于大街，谁敢用你？”孔丘道：“先生之言，出自肺腑而入弟子之心脾，弟子受益匪浅，终生难忘。弟子将遵奉不怠，以谢先生之恩。”说完，告别老子，与南宫敬叔上车，依依不舍地向鲁国驶去。

回到鲁国，众弟子问道：“先生拜访老子，可得见乎？”孔子道：“见之！”弟子问：“老子何样？”孔子道：“鸟，我知它能飞；鱼，吾知它能游；兽，我知它能走。走者可用网缚之，游者可用钩钓之，飞者可用箭取之，至于龙，吾不知其何以？龙乘风云而上九天也！吾所见老子也，其犹龙乎？学识渊深而莫测，志趣高邈而难知；如蛇之随时屈伸，如龙之应时变化。老聃，真吾师也！”

《道德经》综述

一、《道德经》概述

春秋时期老子（李耳）的哲学著作，又称《道德真经》《老子》《五千言》《老子五千文》，是中国古代先秦诸子分家前的一部著作，是道家哲学思想的重要来源。《道德经》分上下两篇，真传之言上篇《德经》、下篇《道经》，不分章，后改为《道经》37章在前，第38章之后为《德经》，并分为81章。《道德经》文本以哲学意义之“道德”为纲宗，论述修身、治国、用兵、养生之道，而多以政治为旨归，乃所谓“内圣外王”之学，文意深奥，包含广博，被誉为“万经之王”。《道德经》是中国历史上最伟大的名著之一，对传统哲学、科学、政治、宗教等产生了深刻影响。据联合国教科文组织统计，《道德经》是除了《圣经》以外被译成外国文字发行量最多的文化名著。《道德经》主要论述“道”与“德”：“道”不仅是宇宙之道、自然之道，也是个体修行即修道的方法；“德”不是通常以为的道德或德行，而是修道者所应必备的特殊的世界观、方法论以及为人处世之方法。

老子的本意，是要教给人修道的方法，德是基础，道是德的升华。没有德的基础，为人处世、治家、治国，很可能都失败，就没有能力去“修道”。所以修“德”是为修道创造良好的外部环境，这可能也是人所共需的，修道者更需要拥有宁静的心境、超脱的人生，缺“德”不可。《道德经》的“德经”部分，在经文中占了很大部分，这是修道的基础。

“道”是浑全之朴，“众妙之门”。“道”生成了万物，又内含于万物之中，“道”在物中，物在“道”中，万事万物殊途而同归，都通向了“道”。

“道”不只是有形的“物质”、思虑的“精神”、理性的“规律”，而是造成这一切的无形无象、至虚至灵的宇宙本根。“物质”“精神”“规律”皆是“道”的派生物。“道”是先天一炁，混元无极，“道”是其大无外、其小无内、至简至易、至精至微、至玄至妙的自然之始祖、万殊之大宗，是造成宇宙万物的源头根本。

二、《道德经》主题思想

众所周知，《道德经》主题思想为“道法自然”，是中华文明内在的生存理念。

当然，“道法自然”是《道德经》中老子思想的精华。“道”作为《道德经》中最抽象的概念范畴，是天地万物生成的动力源。“德”是“道”在伦常领域的发展与表现。“道”与“法”在规则、常理层面有相通点，但不同于西方的自然法。“法”应效法自然之道，在辩证的反向转化之中发挥其作用。

哲学上，老子解决了宇宙万物的本原问题：“道”是天地万物之始之母；阴阳对立与统一是万物的本质体现，物极必反是万物演化的规律。伦理上，老子之道主张纯朴、无私、清静、谦让、贵柔、守弱、淡泊等因循自然的德性。政治上，老子主张对内无为而治，不生事扰民；对外和平共处，反对战争与暴力。这三个层面构成了《道德经》的主体，同时也使得《道德经》一书在结构上经由“物理至哲学至伦理至政治”的逻辑层层递进，由自然之道进入伦理之德，最终归宿于对理想政治的设想与治理之道。也就是从自然秩序中找出通向理想社会秩序的光明正道。意即“道法自然”是道的属性，是“自然如此”的意思（河上公注：道性自然，无所法也）。因而，“道法自然”的宇宙观落实到人生观层面就是“无为而无不为”的“自然”处之，辅万物以自然，这对构建和谐社会无疑具有现实意义，对个人修身至“证悟”状态，让自然本性显发其光明特性也具有重要价值。

三、《道德经》道之解析

老子在《道德经》开篇阐明：“道，可道，非常道。名，可名，非常名。

无，名天地之始；有，名万物之母。故常无欲，以观其妙；常有欲，以观其徼。此两者同出而异名，同谓之玄。玄之又玄，众妙之门。”这是老子对于“道”这个概念的总括性描述：道，非当时社会一般的道，即人伦、常理之道，也非当时人所能命名之道。“道”在老子那里已经超越了世俗社会生活，更加接近于自然法则之道，因为天地万物的始基与母源在于“道”，由道开始，“道生一，一生二，二生三，三生万物”。由此，老子用“玄之又玄”来描述道的特殊性与深奥性，而其实这个“道”虽然“视之而弗见”“听之而弗闻”“揞之而弗得”，但老子所言之道并不远人，这里只是老子用“玄”来强调他所言之道与当时社会所言之道的差异性，并且阐述他所言之道的超然性与根基性。

所以，老子在后面的论述中又坦言，“吾言，甚易知，甚易行，而人莫之能知，而莫之能行。”老子感慨道：“知我者希，则我者贵矣。是以圣人被褐而怀玉。”

老子所言之“道”即“有物混成，先天地生。寂兮寥兮，独立而不改，周行而不殆，可以为天下母。吾不知其名，字之曰道，强为之名曰大。”这句话的意思是，在天地生成之前，宇宙中就有混沌的物体存在，它幽静无声，广阔无边，无依无靠又长存不改，它就是化育万物的慈母。“我”——老子不知道它的名字，就勉强称它为“道”，命名为“大”。

由此得知，老子所言之道首先具有物质性，是天地万物生成的原始动力源，并且它的存在独立而不可丈量，具有无限性。对于“道”这种力量，老子自己是无法给予它确切的描述的，所以他认为，道只是权宜之称，只能“体”而不可道、不可名。

道的特性：老子说：“道冲，而用之或不盈。”道体似虚而实，所以体内蕴含用之不竭的物质和能量，但不会因自满而溢出。老子认为，道体柔而不刚，内部单纯，外部朴素无华，且清澈透明，长存于天地之间。所以道无处不在，不管是个人，还是人类社会，包括天地万物都应该效法道而运行，而道法自然。这里的“自然”字面解释为自己如此，自然如此。但道与自然规律是同一的，也即“国中四大”皆应效法自然无为而无不为的特性，从而保持自身“天长地久”。

“春秋战国乱悠悠”。老子所处的西周社会，当时诸侯各国穷兵黩武，战乱频仍，道德沦丧，社会之礼仪伦理已无法恢复。老子看透人类社会之所以会纷争不已，就是由于圣人、礼仪、法令、欲望、智慧等有为措施所引起的；因为社会看中名利、实力、好胜等荣誉，所以天下才会出现资源有限性的占有之争。老子因此提出回归自然，顺应无为而治、清净绝智的自然世界的规律，从而才能守弱胜强，达到小国寡民的平静生活。

“道”是老子思想的核心，是老子哲学的最高范畴，其含义博大精深。在老子《道德经》的不同章句里，“道”有着不同的含义。归结起来，老子的“道”大约包括以下几方面的内容：第一，道是生育天地万物的本原；第二，道是一种真实的存在；第三，道具有规律、法则意义；第四，道具有人生准则、规范的意义。

道具有万物本原的意义，是老子哲学中“道”最重要、最基本的含义。作为万物本原的道，它是宇宙自身所固有的生命力和创造力，是物质和精神赖以运行的功能，所以它是超乎形象的，又是内在实有的。换言之，所谓道是一切生命的总源泉，万物来源于道，又内含着道而得其生命之常。

在老子看来，作为万物本原的道，不是物质也不是精神。不能说它有，因为它无形无象；又不能说它无，因为它时刻化生着万物。所以道之体是无，道之用是有，道是无与有的统一，两者同出而异名。他说：无，是天地的原始；有，是万物的根本。所以经常从无形无象处去认识道的微妙，经常从有形象处去认识万物的终极。这两者同一个来源，只是名称不同，都可以说是深远玄妙的，是天地万物、一切玄妙产生的总根源。所谓“真空妙有”是也。

通常的事物是有形有象，有明确的规定性，可以被感知的，但道却是一种无形无象的存在。老子指出道超出了人感官的感知范围，人的感官无法捕捉道。他说：道“视之不见，名曰夷，听之不闻名曰希，搏之不得名曰微……迎之不见其首，随之不见其后。”道看不见，听不到，摸不着，无法为人的耳目感官所把握，是超验的、超感官的。道不但不能被人的感官所感知，而且也不能用人的语言来表述。具体的事物是可言说的，可以用语言来表达的，但老子强调，“道常无名”“道隐无名”。道在本质上不可言说，不能用语言来表述与界定。他说：“道可道也，非恒道也。”（甲本）道如果可以用语言来表述，那就不是永恒的、本真的道。这样他就把自己所讲的道与其他人讲的可言说的道区别开来。老子认为道无法用言辞来表达，是与他认为道超越感官的看法联系在一起的。按他的理解，人们平常所使用的语言是在日常生活中形成的，是用来指称和描述感官经验领域中的事物。但道是超验的、超感官的存在，因而我们不能用感官经验领域所使用的语言来恰当地表述这种存在。道不可说，但离开人的日常语言又没有别的更好的方式来表述它。虽然我们的日常语言并不适合于描述道，但我们还得求助于语言这种工具。老子感到这实在是出于无奈。他说：“吾不知其名，字之曰道，强为之名曰大。”（甲本）

从价值论的角度，老子之道非常重视“德”。第 51 章《养德》云：道生之，德育之，物形之，势成之。是以万物莫不尊道而贵德……是谓玄德。这章内容可谓“中国式的宇宙生成论”。

老子之道，亦具有规律、法则的意义。如曰：“反者道之动。”即指出自然界中一切事物的运动和变化，其中一个总的规律就是“反”，事物向相反的方向运动和发展；同时，事物的运动、发展又总要返回到原来的基始状态。老子曰：“执古之道，以御今之有，能知古始，是谓道纪。”这就是说，只要掌握了这个自古相传的道，运用它的规律，就可以驾驭所有的一切事物。

此外，道亦具有人生准则、规范的意义。老子曰：“天之道，利而不害；人之道，为而不争。”“道常无为而无不为，侯王若能守之，万物将自化。”这里的“人之道”，即人生的准则或规范。天之道是利益万物而不贼害万物，“所谓上天有好生之德”。那么作为人也应该像天那样帮助人，而不与人争斗。人间的侯王如果能够遵守道的规范，则万物将自然循道生长变化。

总之，老子之道的内涵相当丰富，有时指人生准则，有时指宇宙的根本规律，有时又指万物的本原，但“道”的地位和作用是十分明确的，即道是老子哲学的最高范畴，道是宇宙万物的本体、本根、源头、母体；道

之外不再有另一个本体，恰恰回答了宇宙万物的起源问题。

四、《道德经》德之解析

“德”是“道”在伦常领域的发展与表现，老子认为，上德的本质与道之德的本质同于一，因此上德源自“道”。老子所言之德也不同于常人所言之德。第38章载：“上德不德，是以有德；下德不失德，是以无德。上德无为而无以为，下德为之而有以为；上仁为之而无以为，上义为之而有以为；上礼为之而莫之应，则攘臂而扔之。故失道而后失德，失德而后失仁，失仁而后失义，失义而后失礼。”

老子认为，上德具备的特征与大道相同：上德主张无所事事，一切顺应自然，带有明显的“无为”特征，可理解为因循自然的行为规范。这种因循自然的德重生命，轻名利，持守清静，戒除贪欲，息心止行，悟道四达，自然无为，同时以百姓之心为心，将自身与自然融为一体，与道和同。下德由上仁、上义及上礼组成，需要人实际去实行与推广，带有明显的“有为”特征，注重人为的行为规范。从这里可以看出，在老子眼里，孔子推行的仁、义、理、智、信只是人为教化的结果，没有达致真正无为超脱的上德境界，所以贬之为下德。上德的无为境界与法本身需要国家制定、国家干预以及公之于世的特性相违背，所以法律不过是下德的范畴而已。但是下德之中，法律与仁、义、礼又有所不同，老子并没有把法纳入下德的探讨范围，似乎可以得出，老子认为，仁、义、礼是高于法律的，而法律不过是一种治国之器物。

老子之德与孔子之德有区别，同时也不同于“礼”，但是世俗之法与礼法有着千丝万缕的联系，从某种程度来讲，春秋战国时期，礼法之间是合为一体的。孔子之德在老子看来是属于“下德”范畴，是属于人为规范的领域，而老子认为，上德表现为无为。提倡上德修身、齐家、治国、平天下，无为而治。但是当时的社会，诸侯争霸，又有谁肯熄灭贪欲、心甘情愿遵循“上德”行事呢？当时知者渺渺，莫可奈何，老子一腔热血著成《道德经》，千古大道传至今，亦可欣慰。

五、老子的“道德”与圣人人格

《道德经》主要讲了“道”“可道”“德”“下德”几部分。笔者认为：“道”和“德”乃是一无极图○；“可道”与“下德”乃是太极图☯。八十一章的全部内容，可以由这两个图囊括无遗。只要理解了这两个图，就抓住了全书的根本，就可以此为钥匙，打开《道德经》这一神秘宫殿的大门，理解全书。

“道”的这些体性，被后来的道家人物归纳为“虚无”“自然”“纯粹”“素朴”“恬淡”“平易”“清静”“无为”“柔弱”“不争”十大特征。

这些体性、特征从人身上体现出来，就是“上德”。“上德”是“道”的人格化、伦理化。“道”体现于人谓之“德”。

《老子》曰：“上德不德，是以有德。”又曰：“孔德之容，唯道是从。”这就是说，最高尚的“德”是自然的、无形的，无迹象可睹，无端倪可察，是内在的、含蓄的、不显露的、无意的，而不是人为的、故意的、彰示的、炫耀的、外在的、形式上的。它的特性、功用与“道”相似。道是什么特征，“上德”就是什么特征，二者一脉相承。

“道”和“上德”的基本特征是“无”，用图表示，即是“○”。这一“○”无所不在，无所不含，无限圆满，至善至美，是至高无上的本体。

“道”的十大特征，“上德”全部具备。“上德”的特征，就是“道”的特征。而圣人恰好具备道德的十大特性。

顺道者昌逆德者亡，我们做人能做到“虚无”“自然”“纯粹”“素朴”“恬淡”“平易”“清静”“无为”“柔弱”“不争”，符合圣人的特性，就是道家所说的有道德的人。《道德经》第十五章《显德》亦把圣人的人格特性描述得十分清楚。

所以，聆听2592岁圣哲老子的谆谆教诲，人人借《道德经》修行，让道德的特性在我们每一个人身上体现出来，“人人皆可为尧舜”。“道不远人”，值此惠风和畅、政治清明、清平盛世，看似“玄之又玄”的“道德”，我们都可在日常生活、工作中落实。例如，《易经》中谦卦六爻皆吉，盖谦卦符合于大道“虚”、不盈满之特性，“谦受益满招损”；齿亡舌在的故事，说明“柔弱”胜刚强；介子推与雷锋的故事是告诉我们什么是真正的“上德不德”。我们能够发自内心地帮助别人，而没有希求回报之心，自然也是上德之人。上德之人不仅对自己所行善事无希求回报之心，更没有丝毫的执着之心，犹如鸟飞无痕，风去无波。

第一章　体道

真传之言：

道，可道，非常道；名，可名，非常名。无，名天地之始，有，名万物之母。故常无欲，以观其妙，常有欲，以观其徼。此两者，同出而异名，同谓之玄，玄之又玄，众妙之门。

真传释义：

1. 圣人人格：圣人是体悟了大道的人。

2. 内涵解析：第一章的题目是《体道》，那就说明《道德经》中所讲的达于“超凡入境”之圣人乃是体悟了大道的人。而作为宇宙万物本源的大道是无法用语言描述的，也是叫不出名字的，只能强名曰道。这种体悟、证悟大道之境的状态确实很玄妙，超越了感官，只可意会而难以言传，只能用“言语道断，心行处灭”“如人饮水，冷暖自知”“拈花一笑”来形容。但是，人能弘道，非道弘人，大道所具备的“虚无”“自然”“纯粹”“素朴”“恬淡”“平易”“清静”“无为”“柔弱”“不争”十大特征，在人身上体现出来，就是圣人的人格。“圣人只是常”，他不仅对大道有深刻的体悟、证悟，而且能在日常生活中做人行事具备这些人格特质，无疑已经是具有极高道德与智慧的圣人了。

如何体道：无欲观妙，有欲观徼。

3.《体道》诗

万象森罗从何源，为解疑惑踏千山。

百转千回寻不见，时到心悟自嫣然。

第二章　养身

真传之言：

天下皆知美之为美，斯恶已；皆知善之为善，斯不善已。故有无相生，难易相成，长短相形，高下相倾，音声相和，前后相随。是以圣人处无为之事，行不言之教。万物作焉而不辞，生而不有，为而不恃，功成而弗居。夫惟弗居，是以不去。

真传释义：

1. 圣人人格：圣人是内养“法身”，超越二元对立之人。

2. 内涵解析：美丑善恶属有为之迹，皆属二元对立。而圣人超越了二元对立，站在整体上以大道观天下事物之理，本无美与不美、善与不善之行迹。因而，圣人能一体看问题，人格特点是无我、无私、无为；居功不傲，顺其自然，自然而然与万物融为密不可分的整体，从而达到生命的无限。恰如庄子《逍遥游》云：至人无己，神人无功，圣人无名。《庄子·内篇》7 篇中，仔细分析可以发现，《庄子·内篇》实是一个有机的整体，首篇《逍遥游》与后 6 篇存在一种论述上的总分关系，即《逍遥游》为《庄子·内篇》的总纲。《逍遥游》是《庄子》最重要的篇章，它是关于庄子学说的根本问题——道的体认。在庄子看来，只有得“道”方能逍遥。而得道已臻于心物一元之境，自然超越了二元对立，能做到看问题不从表象上看，不分别着看。能从本性、整体上看待问题。

3.《养身》诗

不明道理唯色身，百般营谋损真人。
不如无私成人美，无功无名法身存。

第三章　安民

真传之言：

不尚贤，使民不争；不贵难得之货，使民不为盗；不见可欲，使民心不乱。是以圣人之治，虚其心，实其腹，弱其志，强其骨，常使民无知无欲，使夫知者不敢为也。为无为，则无不治。

真传释义：

1. 圣人人格：圣人是行无为之道而使百姓得以安宁之人。

2. 内涵解析：圣人无争（争名逐利而不务实际）、无欲、无为，守虚用道；圣人心地纯素，不留一物，性体圆明、虚朗，不甘陷入虚华的尘网之中，他们恬淡无为，心虚意静，柔弱谦和，不与物争，敛华就实，神凝气聚，精全髓满，自然百病不生，身康体健。上行下效，以此类推，人若法天地自然之道，使其体性合于大道，虚无自然，无私无欲，无执无偏，恬淡无为，以“道”的“无为”原则修身治国，必可无所不治，无所不达，修身身康壮，治国国太平，收到最佳之效果。本章所说“常使民无知无欲”并非是愚民政策，而是当圣人修养到一定程度，自然可以以德化民，民在圣人的影响之下，恰如入芝兰之室，自然而化。所谓“正人先正己”“内圣外王”是也。

3.《安民》诗

圣人之治虚其心，无为修身以安民。
有为狂躁皆歇却，上下相安自太平。

第四章　道源

真传之言：

道冲，而用之或不盈。渊兮似万物之宗。挫其锐，解其纷，和其光，同其尘，湛兮似或存。吾不知谁之子，象帝之先。

真传释义：

1. 圣人人格：道是万物万象之源，圣人是得道且能和光同尘之人。圣人谦虚低调，不盈满；能挫锐解纷，做到和光同尘，不刻意标榜自身与众不同的存在。圣人的心灵清静、虚无，是一种简单、质朴、无争、平淡、自然、无为的生命方式。但是，在现实生活中却有源源不断的智慧如泉涌出。

2.《道源》诗

内藏珠玉已悟圆，巍巍圣德遍大千。

为人低调不盈满，和光同尘万象源。

第五章　虚用

真传之言：

天地不仁，以万物为刍狗，圣人不仁，以百姓为刍狗。天地之间，其犹橐龠乎？虚而不屈，动而愈出。多言数穷，不如守中。

真传释义：

1. 圣人人格：圣人是守中用虚之人。圣人无心无私意，对万民一视同仁。内充道德，虚心谦恭，让万物自然生灭，听任百姓自然生息。为人守中抱本，已达“枢始环中，以应无穷”之境。

2.《虚用》诗

天地圣人似不仁，实无分别一体心。

守中用虚顺自然，静观万物自循环。

第六章　成象

真传之言：

谷神不死，是谓玄牝，玄牝之门，是谓天地根。绵绵若存，用之不勤。

真传释义：

1. 圣人人格：圣人自身阴阳和谐，无极而太极。

2. 内涵解析：圣人体悟了玄妙的大道，自身阴阳合而具变化之能。大道虚无，静极生动而妙显成象；圣人法天象地，平时做事无心而为，绵绵微妙，自然而然，任万物自然化生世间万象。

“谷”是空虚之意。“神”是变化的妙用。“绵绵”是连续不断的意思。“若存”是似有非有，似无非无的意思。“不勤”是其造化之机自然而然，不求而得，不为而成的意思。无极与太极的一动一静，是天地万物的总根，其中的造化之机，连续不断，自然而然，万汇品类，无不由此而始生。圣人观世间万象，皆无极而太极。

3.《成象》诗

玄为太极牝无极，阴阳和谐实一体。

此中造化皆自然，连绵不绝是道机。

第七章　韬光

真传之言：

天长地久。天地所以能长且久者，以其不自生，故能长生。是以圣人后其身而身先，外其身而身存，非以其无私耶？故能成其私。

真传释义：

1. 圣人人格：圣人无私而乐于奉献。圣人无私，无我无为、无妄，在勇于奉献自己中成就了自己。

2. 内涵解析：圣人明了天地能够长久的原因，生存不是为了自己。为万物奉献不求回报，所以能长生。圣人效法天地的品质，就像天地一样，把自己的利益放在最后面，但是人们受益于圣人而感激，圣人受到众人的爱戴，反而把圣人推到了最前面。不与人民争利益，反而百姓会拥戴他。忘记了自己无私奉献，反而使他活在人民心中而不朽。

3.《韬光》诗

天地无私而长生，圣人忘身亦久长。

何不学圣也韬光，修成奉献道德扬。

第八章　易性

真传之言：

上善若水。水善利万物而不争，处众人之所恶，故几于道。居善地，心善渊，与善仁，言善信，政善治，事善能，动善时。夫唯不争，故无尤。

真传释义：

1. 圣人人格：圣人如水一样灵活多变，富有水一样的智慧，具有至高无上的大善。

2. 内涵解析：以水喻道，形象说明了圣人与进道之人所应具备的品格：圣人如水一样生育万物，滋润群生而与物无争，不求回报；它柔弱温顺，总是处于为人们所鄙弃的最低下的地方；常言道“人向高处走，水向低处流”；人总是喜欢谄上欺下，攀附权贵，想借此青云直上，而水则总是流向低洼的、最安全的地方，所以无倾覆之患；人心总是被私心杂念、七情六欲所烦扰，而水则清清亮亮、无色无味、特别透明，可以照鉴万物，若心灵之善渊。

圣人如水一样具备仁慈的品格。水善养万物，施恩不求报，与人不追悔，植物皆获得其滋润灌溉之恩，动物均获得饮食之恩惠，这不是仁慈是什么？

圣人如水一样讲信用，言必信，行必果。水利万物，诚实和顺，无假无妄，表里如一，可谓“言善信”也。

圣人如水一样为人处世公平正直。水之为治，就像大匠取法一样，以“平中准定上下”，不左不右，不偏不倚，对万物一视同仁，最为公平。孔子亦云：丘也闻有国有家者，不患寡而患不均，不患贫而患不安。而西方国家有亚当斯的“公平理论”。公平理论指出，人们不仅关心自己的绝对报酬，而且关心自己和他人在工作和报酬上的相对关系；员工倾向于将自己的产出与投入的比率与他人（成为对照者）的产出与投入的比率相比较，来进行公平判断。圣人能做到公平正直，而且能使治理的百姓产生心理上的公平感，真可谓“政善治”了。

圣人如水一样具备多方面的功用。水利万物，能力非凡。能洗去污浊尘垢，能攻坚克固，有成语谓之“水滴石穿”；能行船渡筏，与人方便；能兴云致雨，润泽万物，生物育人，功用不可估量。此真可谓“事善能”了。

圣人如水一样顺时而为。春生夏长，温热之季，万物繁衍生长，是最需要水的时候。此时，水则蒸云降雨，润泽大地，滋养众生，降温祛暑。秋冬渐寒之时，万物收敛成藏，水顺应民心天意，则结为坚冰，凝为霜雪，纯洁无瑕，覆盖大地，恰若暖被，保护生灵，遮风御寒，而害虫又被不知不觉中冻死。此真可谓“动善时”了。

圣人如水一样利益万物而不与其相争。水之体性，虽有“七善”，但皆出于自然而然，柔和而不与物相争，谦虚不居功，所以，水才没有过失。真可谓“夫唯不争，故无尤”了。试想古往今来，圣人皆利益黎民百姓，有哪一位圣人与百姓争利？蜗角相争实可笑，圣人必不为也。

3.《易性》诗

上善若水润万物，无争之德泽苍生。

灵活多变亦圆通，智慧清澈鉴微情。

第九章　运夷

真传之言：

持而盈之，不如其已，揣而锐之，不可长保。金玉满堂，莫之能守。富贵而骄，自遗其咎。功成、名遂、身退，天之道。

真传释义：

1. 圣人人格：圣人谦虚低调。圣人为人谦虚低调，因为深谙保持运势平稳之道。

2. 内涵解析：“谦虚使人进步，骄傲使人落后”，“满招损，谦受益”，这个道理大家都明白，也是自然之理。器盛物如果过于盈满，必有倾失之患；器物中空，则可容物受益。因此，盈满易失，适可而止。后有“空杯理论”或“空杯心态”与此类似，是一种心态意识，并不是一味否定过去，而是要怀着否定或者说放空过去的一种谦虚的态度，去融入新的环境，对待新的工作，新的职场，新的事物。“空杯心态”的故事起源是：南隐是一位禅师。一天，一位学者来向他问禅，但自己喋喋不休。南隐则默默无语，以茶相待。他将茶水注入这位客人的杯子，满了也不停下来，而是继续往里面倒。眼睁睁看着茶水不停地溢出杯外，客人着急地说：“已经满出来了，不要再倒了！”南隐说：“你就像这只杯子，里面装满了自己的看法和成见。如果你不先把杯子空掉，叫我如何对你说禅呢？”

刀剑如果磨得过于锋利，最易锉钝而伤其锋刃。人如果锋芒毕露，亦必受挫，不得常保。

据《淮南子·缪称训》记载：老子求学于商容，有一次商容生病的时候，老子去探望顺便求教。商容静默良久，见老子确实有心求学，便问他：“人是先有牙齿，还是先有舌头？”老子回答说：“先有舌头，因为人一出生就有舌头了，牙齿是后来长出来的。”这时候商容张开嘴巴，问：“你看我的牙齿还在吗？”老子说：“已经掉光了。”又问：“舌头呢？”老子说：“还在。”商容说：“你知道为什么牙齿晚生而早落吗？因为它过于刚强。而舌头为什么得以长存呢？因为它柔软。这个道理不仅对牙齿如此，天下万物万事也都如此啊！”这就是老子常对弟子们说的“满齿不存，舌头犹在”的故事。

现实中如果不劳而获，以至财富多多，金玉满堂，那么必有不义之事发生，这些金玉必招祸患，不能长久保有。身处富贵，最易骄傲蛮横。须知富贵而骄，必遭众人所厌恶，咎祸自出。天道忌盈，业不求满。《易经》有云：亢龙，有悔。亦云：天道亏盈益谦，地道变盈流谦；鬼神害盈福谦，人道恶盈好谦。这些话告诉我们一定要保持谦和的心态，这样会有利于我们为人处世，一个懂得谦和的人，是不烦不躁的，一生幸福自在。《易经》64 卦中谦卦六爻皆吉，也是告诉我们为人要谦虚。

“功成、名遂、身退，天之道。”既然已经知道过盈有倾失之患，锐利不可常保其刃锋利，金玉满堂无法守藏，富贵而骄必遭祸殃，万事万物皆“过犹不及”，那么，功成名遂，已达顶点，退身于外，也就是理所当然的了。只有这样，才能善终其功，善全其名，避免咎祸。

3.《运夷》诗

天道恶盈而好谦，恃才傲物枉自怜。

低调柔和运势坦，一生幸福得安然。

第十章　能为

真传之言：

载营魄抱一，能无离乎？专气致柔，能婴儿乎？涤除玄览，能无疵乎？爱民治国，能无为乎？天门开合，能无雌乎？明白四达，能无知乎？生之畜之，生而不有，为而不恃，长而不宰，是谓玄德。

真传释义：

1. 圣人人格：圣人具玄德，善于养生，精神内守，无为自然修身养性。

2. 内涵解析："载营魄抱一，能无离乎？"意思是说圣人清心寡欲，清静无为，精神内守，抱一不离，魂魄合一，阴阳和合，身心和谐。"专气致柔，能婴儿乎？"圣人为人柔和，因能专心一意调和气息，心神凝聚，神气相合，如母子相依。如此，则具柔和之气，如初生的婴儿。

"涤除玄览，能无疵乎？"谓圣人能清除一切私心，心地光明，干干净净，心神清静。《清静经》中说："常能遣其欲，而心自静。澄其心，而神自清，自然六欲不生。"又曰："净扫迷云无点翳，一轮光满太虚空。"

"爱民治国，能无为乎？"谓圣人爱惜精气，强健身体，从自然无为入手。无为自然心虚，心虚自然神凝，神凝自然气聚。神凝气聚，自然精气自调，百骸自理，九窍通畅，六腑调泰，五脏清凉，内无忧伤，外无邪侵，身康体壮，精足神旺。治国如治身，圣人爱民如子，治理国家，当然也要遵循规律，无为而治，不可以己之私胡乱治理，如此，则国泰民安。否则，会南辕北辙。

"天门开合，能无雌乎？"圣人接事应物，在举心运念时，能做到不让情欲障蔽良知本性，而是清静柔和、无为处之。先天性动（开），妄意一生起，则后天情欲随之也生起。后天情欲静（阖），先天真常之性即现。《清静经》曰："真常应物，真常得性，常应常静，常清静矣。"《吕祖百字

碑》亦云："真常须应物，应物要不迷；不迷性自住，性住气自回。"这些都告诉我们，圣人修心养性能做到"守雌""性定"，清静无为。

"明白四达，能无知乎？"意谓圣人用心如镜，智包天地，如烛光一亮，如皓月当空，无所不照，处处光明，此可谓明白四达，而不自有其知也。

"生之畜之，生而不有，为而不恃，长而不宰，是谓玄德。"圣人德性如天地一样，生出万物，养育万物，而不据为己有；顺自然施化，为万物之长，但不自以为是万物的主宰。圣人做到了诸多的无和忘，对万物有莫大功劳而不自以为有功德，这种德性可以说是深不可识、高不可攀、广不可量、远不可睹的玄妙德性了。

3.《能为》诗

圣人之德实玄妙，形神俱妙气柔和。

心地光明如皓月，智包天地大功德。

第十一章　用无

真传之言：

三十辐，共一毂，当其无，有车之用。埏埴以为器，当其无，有器之用。凿户牖，以为室，当其无，有室之用。故有之以为利，无之以为用。

真传释义：

1. 圣人人格：圣人明了无用之用而无心无为。

2. 内涵解析：本章圣人观生活现象：三十根辐条组合在一个毂上，有了毂的空才具备了车轮的用。用土烧制了器皿，因为中间的空，器皿才有了用。凿开门窗，因为有了空，房子才能用。所以说，有给人带来便利，但无在这个便利中起到了决定性的作用。

因而可知：事物由有与无、实与虚两部分构成，其中的虚无部分只有通过其实有部分才能有实用。所以实有部分只是借利，而虚无部分才是实用。由此可以说明，有与无二者，虽然互为利用，但不可否认“无”的特殊作用。庄子亦云无用之用是大用，在《人间世》中这样说道，“山木自寇也，膏火自煎也。桂可食，故伐之；漆可用，故割之。人皆知有用之用，而莫知无用之用也”，与此意相同。

因而，圣人为人处世以柔克刚，以弱胜强，无心无为，与虚无大道合一，但又明了无不能自用，须赖有以济之，即有无相生。如此，圣人即一直保持心清静，虚灵不昧，如此则应物无穷。

3.《用无》诗

毂中一窍是虚空，车轮因之显妙功。

器虚室空亦同理，无用之用是大用。

第十二章　检欲

真传之言：

五色令人目盲，五音令人耳聋，五味令人口爽，驰骋田猎令人心发狂，难得之货令人行妨。是以圣人为腹不为目，故去彼取此。

真传释义：

1. 圣人人格：圣人节俭欲望，心神安定，虚静清明，万物之来对之以本性，而不被物欲牵引贼害。

2. 内涵解析：圣人效法人的先天虚无本性，虚静清明，无贪无欲。可是狩猎之人，整日驰骋奔逐，放荡不羁，其心发狂，虚静清明的状态就失去了。难得地珍惜货物，最能诱发人心生邪念，勾人心魂，使人行为不规不矩，做出不仁不义之事，祸国殃民。

现实生活中，很多人之所以铤而走险，贪赃枉法，不也是因为被物欲牵引所致吗？悲哉！当学圣人。圣人知物欲之为害，虽居五欲红尘之中，而心不贪恋，知足常乐。如偃鼠饮河，不过实腹而已。谚语有之，罗绮千箱，不过一暖，食前方丈，不过一饱，其余皆为荣观而已。故云，虽有荣观，燕处超然，可谓超然物外，保持心的清明，方能为国为家作出巨大的贡献。

“是以圣人为腹不为目，故去彼取此。”“为腹”是注重修持内在的德性。“为目”是忘本逐末，被外物所迷惑。而得道之圣人总是注重内德的修养，心神安定，不使心奔逐于外。因此，当效法圣人重内在德性的修养，重纲本、求实用的人格特质。

3.《检欲》诗

物欲丧心失正念，利令智昏实堪怜。

但学圣人处超然，离欲之行心神安。

第十三章　厌耻

真传之言：

宠辱若惊，贵大患若身。何为宠辱若惊？宠为上，辱为下，得之若惊，失之若惊，是谓宠辱若惊。何谓贵大患若身？吾所以有大患者，为吾有身，及吾无身，吾有何患？故贵以身为天下，若可寄天下。爱以身为天下，若可托天下。

真传释义：

1. 圣人人格：圣人宠辱不惊，勘清荣辱，看破名利，重道义，忘我为民利天下。

2. 内涵解析：受到偏爱、褒扬或责罚、贬斥都会让人内心不安，惊慌失措，叫“宠辱若惊”。

什么叫作“贵大患若身”？是因为把自身看得太重。如果达到忘我的状态，不把自己的身体、名利、地位、虚荣等看得太重，而能淡然处之，不当回事，还有什么可担忧的事情呢？

大道无情，天地不仁，本无宠辱。加于人的宠辱全是情欲之所致，如能保得常清静的天真本性，宠辱不必理会。哪有若惊的现象？所谓遇宠辱而感惊慌者，是因为人们把自我虚荣声名看得太重的缘故。而圣人恰恰能做到哀乐不入，宠辱不惊。

“故贵以身为天下，若可寄天下。爱以身为天下，若可托天下。”意思是说达圣人之境的有道之士，不得已莅临天下，不以为己显。虽处其位，但思道济苍生，不以为己荣。此则贵为天下贵，非一己之贵。如此之人，乃可寄之以天下之大任。然而有道之圣人，处崇高之位，虽然也爱惜自己的身体，但不是贪位慕禄以自保。实际上是虚静恬淡自守，忘乎自

我，忘乎贵贱，超脱荣辱，爱护生命存身于天下以行道之便耳。这里所说的爱护自身，是为了天下才如此，不是自私自利，贪生怕死之辈。如此之人，乃可托付以天下之权。若以此为君，则无为而治；以此为臣，则功大名显，造福众生。故道为天下贵也。故曰贵以身为天下，则可寄于天下，爱以身为天下，乃可托于天下。中国历史上如此的明君贤臣数不胜数。

3.《厌耻》诗

勘破荣耻已无己，念念归道家国情。

宠辱不惊自淡定，爱身惜命为苍生。

第十四章　赞玄

真传之言：

视之不见名曰夷，听之不闻名曰希，抟之不得名曰微。此三者，不可致诘，故混而为一。其上不皦，其下不昧。绳绳兮不可名，复归于无物。是为无状之状，无物之象，是为惚恍。迎之不见其首，随之不见其后，执古之道，以御今之有，能知古始，是谓道纪。

真传释义：

1. 圣人人格：圣人是得道之人，深深体会大道之妙，执守无极大道，而能统御好万事万物，乃至家国天下。大道体虚，超乎声色名相思议之表，圣人执守无极大道，掌握了道的最高法则。

2. 内涵解析：大道之妙：无极大道无色不可见，无声不可闻，无相不可抓摸，不可思议。道的形象超出了人类的听觉、视觉、触觉的经验，道体混融而不可分，故为混一之体。在上日月不足以增其明，其下幽暗不能使其昏暗。道体绵绵不绝，其实至虚不可名言。毕竟，虽生而不有，故复归于无物。杳冥之内，而至精存焉，故曰无状之状。恍惚之中，而似有物焉，故曰无象之象，是谓惚恍。由其此体，大道无始无终。然圣人之所以为圣人者，盖掌握了道德最高法则。

执此妙道以御世，无为而治当今万物。

3.《赞玄》诗

无色无声不可拟，含三混一是无极。

执此妙道以御世，家国天下皆得理。

第十五章　显德

真传之言：

古之善为道者，微妙玄通，深不可识。夫唯不可识，故强为之容：豫兮，若冬涉川，犹兮，若畏四邻，俨兮，其若客，涣兮，若冰之将释，敦兮，其若朴，旷兮，其若谷，浑兮，其若浊。孰能浊以止？静之徐清；孰能安以久？动之徐生。保此道者不欲盈，夫唯不盈，故能敝不新成。

真传释义：

1. 圣人人格：圣人温柔敦厚，而又形神俱妙，隐显莫测。

2. 内涵解析：古代得了道的圣人，形神俱妙，谨慎、严敬、温润、敦厚、诚朴、旷达、浑和。对道之幽深广博，无所不通，能探微、究妙、悟玄，俗人很难了解。因为深不可识，勉强描述一下圣人的形象：谨慎像冬天过河，如履薄冰；小心怕干扰了四周的众生；恭敬像对待贵客；无忧无虑潇洒自然，像冰将融化；淳朴敦厚像个愚人；旷达又虚怀若谷；和光混俗，没有异于常人的举止。可以闹中取静，摒除妄念。这样的人在尘中，不显山露水，在尘中积德，不求名闻利养。浊内求清，清中更澄；安身心，久久如一，体本末终始，时时徐行，不去贪求；执守常道，生生不息，去旧更新。

3.《显德》诗

温柔敦厚如慈翁，微妙玄通春冰融。

形神俱妙不欲盈，隐显莫测犹神龙。

第十六章　归根

真传之言：

致虚极，守静笃，万物并作，吾以观其复。夫物芸芸，各复归其根，归根曰静，静曰复命，复命曰常，知常曰明，不知常，妄作凶，知常容，容乃公，公乃王，王乃天，天乃道，道乃久，殁身不殆。

真传释义：

1. 圣人人格：圣人虚极静笃，归根复命，无私无为，廓然大公；圣人心灵虚静，纯一浑厚，返情归性，复守其初，永顾其本。

2. 内涵解析：圣人知真常之道，明了天地同根，万物一体，包含天地万物，此心自然视天下万物如一己。故曰知常容。人人如果能与圣人一样心胸宽广，则民吾同胞，物吾与也。其心廓然大公，没有小我的自私，故曰容乃公。此真常大道，人若得之于内修身成功，则为内圣；如能施之于外，没有一己之私，没有私自妄为，无为顺自然而治，是谓"公乃王"。既然能因公而王，法天行事，顺乎民意，同天地之造化，同四时之运行，同日月之明晦，万物生杀，也各遂自然，行事自然合乎天心，故曰王乃天。天虚空广大，效法道的虚无，合乎自然，故曰天乃道。真常之道，虚无自然，清静无为，是天地之根，万化之宗，无吉凶，无危险，不生不灭，永恒存在，是谓"天乃道，道乃久"。圣人得此道，则身虽死而道常存，故曰"殁身不殆"。

3.《归根》诗

虚极静笃返性中，叶落归根复命功。

廓然大公为天下，灵修慧命续道统。

第十七章　淳风

真传之言：

太上，不知有之；其次，亲之誉之；其次，畏之；其次，侮之。信不足焉，有不信焉。悠兮，其贵言。功成事遂，百姓皆谓“我自然”。

真传释义：

1. 圣人人格：圣人浑厚淳朴，无为自化。

2. 内涵解析：最上一层的治世功夫是无为自化，无为无欲合自然。如此，上下相忘于浑厚的淳风之中。正如常言所说：人在道中不知道，鱼在水中不知水。以此应世，自然而然功成事遂。第二等的是世风渐下，真常之德、浑厚之风日益泯灭，人开始刻意标榜崇尚贤能，赞誉善良。把人刻意划分为仁人与恶人，提倡亲近仁人，定上下之分，衡贵贱，别亲疏，异其贤愚。第三等的是刑政日繁，人民畏惧，自然滋生侮慢。上对下彰刑法以威而禁，下因畏惧以侮慢而应上，上失真诚自然之德以对下民，下民亦以不忠欺哄于上。人心失道，由此上下相欺。《虞书·益稷》中有这样的记载：“元首（君主）明哉，股肱（大臣）良哉。庶事康哉。”又云：“元首丛脞（烦琐）哉，股肱惰哉，万事坠哉。”其世再下，人心浇薄，叛道而行。只以功名利禄为重，全然不信有大道。第四等是以道德仁义教化，标榜自己为仁人君子，贵言教，以此为标杆责备人民，欲以治国平天下，结果愈责百姓愈不信。故曰悠兮其贵言。“功成事遂，百姓皆谓我自然。”欲使天下太平，万民康乐，必须重道德，尚无为，崇自然，复淳风，只有如此，才能成功。圣君虽以德化万民，确“为而不恃，功成不居，其不欲见贤”，制定于民有利的政策，耕而食，织而衣，百姓各遂其生息，自然而然上下相和，天下大治。虽天下大治，而民不知是何原因，这是自然如此。圣人圣德，只是如此啊。

3.《淳风》诗

浑厚淳朴六根定，无为自化上下同。
但观古道今犹在，国泰民安赤子情。

第十八章　俗薄

真传之言：

大道废，有仁义；智慧出，有大伪。六亲不和有孝慈，国家昏乱有忠臣。

真传释义：

1. 圣人人格：圣人不离常道本性，天君清明，无心爱物，而使物物自然各得其所。

2. 内涵解析：像圣人一样执守虚无大道以修身齐家治国平天下的圣人又有几何？因此，当世风日下、民风浇薄之时，大道被废弃即失道离德之时，仁义必然被彰显。试想，如果大道盛行，政治清明，天下太平，何来杀身成仁、舍生取义之士？岂不悲哉！这不是“大道废，有仁义”之谓吗？智慧，是说当民不再朴素，圣人治理家国天下不得已而用天下的智谋巧术，如礼、乐、权衡斗斛、法令之事。但是智谋权术一旦出现，作奸覆蔽虚伪之事就会发生。就像当今时代流行两句话“钻法律的空子”“上有政策下有对策”，这不是智慧出，有大伪吗？当大道盛行之时，人人天良具足，即使不弘扬孝道，自然父慈子孝，父子有亲，亲情自足。但是到了乱世或者及乎衰世之道，为父不慈，迫不得已立慈以规天下之义。当天下不孝的人出现时，只好立孝以教天下之子。恰如春秋之时卫国父子争国，为得国家权力置父子亲情于不顾，多年互相征伐，两败俱伤，呜呼哀哉！因此孔圣人力劝子路辅佐卫辄当先正父子之名分，以使父慈子孝而安天下！再如瞽叟因失道离德，不顾父子亲情，设计陷害舜，舜王由此才有孝名永垂千古。所以，孝慈之名，是因为六亲不和而后才有的。恰如人生病了才需要用药，如果没有病，吃药不是多此一举吗？此为六亲不和有孝慈是也。

同样的道理，天下太平之世民自朴素，君道无为而天下自治，为君者勤政清明复清明，臣子也自自然然尽责尽忠，自然无须以忠立名。但是纵观历史，一旦遭逢衰乱之世，人君不勤政爱民，荒废国政，骄奢淫逸，不思进取，即使有心作为天下也治理不好。所以，大臣多有杀身谏诤的，如比干剖心是也，虽然如此，也没有尽到忠义，国家依然在走下坡路，岂不悲哉！再比如，如果宋高宗政治清明，亲贤臣，远小人，群臣“以道佐人主”，朝纲大举，国纪不紊，又怎么会有忠心耿耿、有勇有谋的岳飞以“莫须有”的罪名被害死于风波亭？由此可见，国家无道昏乱时，才会出现忠贞尽节、杀身成仁、永垂千古的忠义之士。所以，忠臣之名的由来，是因国家昏乱才出现的呀。这不是国家昏乱有忠臣之义吗？

显而易见，伟大的老子当时因见周王朝衰微，伤今思古，思复太古之治，以道无为之治使天下恢复太平，并不是愤世嫉俗之言。

3.《俗薄》诗

大道千古法自然，奈何废弃仁义观。

不如去繁归朴素，太古之治始得安。

第十九章　还淳

真传之言：

绝圣弃智，民利百倍；绝仁弃义，民复慈孝；绝巧弃利，盗贼无有。此三者，以为文不足，故令有所属；见素抱朴，少私寡欲。

真传释义：

1. 圣人人格：圣人至仁，不尚智巧，食德饮和，浑沦朴素，知止知足。

2. 内涵解析：此章开头，老子为何一句霹雳语"绝圣弃智"，又"绝仁弃义""绝巧弃利"？圣智、仁义恰好不是一直被儒家文化大力提倡的吗？此章本义，惜世人不知朴素浑全之道，不能见素抱朴，却百般心机，多思多欲，窃圣人之名行苟且之事，为害天下。《庄子·胠箧篇》中所阐述的道理与老子可谓一脉相承，言辞犀利直接，比如："故跖之徒问于跖：'盗亦有道乎'？跖曰'何适而无有道邪，夫妄意室中之藏，圣也。先入勇也。后出，义也。知可否，智也。分均，仁也。五者不备而能成大盗者，天下未之有也'。"由是观之，善人不得圣人之道不立，跖不得圣人之道不行，天下之善人少，而不善人多，则圣人之利天下也少，而害天下的多。……圣人生而大盗起，掊击圣人，纵舍盗贼，而天下始治矣……故曰："鱼不可脱于渊，国之利器不可以示人，彼圣人者，天下之利器也。非所以明天下也。故绝圣弃智，大盗乃止……殚残天下之圣法，而民始可与论议。"这段文字明显阐释了个中原因：提倡圣智、仁义就会被野心勃勃、别有用心的人利用圣智仁义的名头为一己牟私利，恰好助长了不正与不善者祸国殃民。所谓"厚黑上面，务要涂着一层仁义道德"。所以，不如端拱无为来得亲切实在。因此，老子接下来给出了天下自治的方法："令"是教诫，"属"是嘱托，所以治国、修身的教诫和嘱托是心地纯洁、行事真诚朴实、少存私心和分外的欲念。圣人人格如此，上行下效，民风复返于淳厚之中。

3.《还淳》诗

圣智仁义被盗用，可怜祸害众百姓。

但教返真归朴素，世人千古慕高风。

第二十章　异俗

真传之言：

绝学无忧，唯之与阿，相去几何？善之与恶，相去何若？人之所畏，不可不畏，荒兮，其未央哉。众人熙熙，如享太牢，如春登台，我独泊兮，其未兆，若婴儿之未孩，乘乘兮，若无所归。众人皆有余，而我独若遗，我愚人之心也哉？纯纯兮。俗人昭昭，故若昏。我独若昏。俗人察察，我独闷闷。忽若晦，寂兮，似无所止。众人皆有以，而我独顽似鄙，我独异于人，而贵求食于母。

真传释义：

1. 圣人人格：圣人注重内在的修养与内心的平和喜悦，不同于流俗。虽然智慧超群而不用，顺物忘怀，淡然无欲，无忧无虑。

2. 内涵解析：前章绝圣智以明圣人遣去俗累，而本章是把圣与凡的内心、生活情状、境界作了明显的对比，为了让读者更加明了《道德经》实乃超凡入圣之学问，里面的一字一句实乃圣人之人格、境界的体现，对于本章的解读与后续章节，开始采取引用加注解的方式，与前 19 章有别。

本章分为五个层次。第一层意思是圣人劝令绝学，即摒去有为之学，立足于大道的角度，示善恶不殊；第二层意思是说圣人不耽染妄情尘缘；第三层泛列部分人耽于世情俗乐的情状；第四层意思是说开悟后圣人不同于流俗的心境、生存生活方式；第五层意思是说圣人能独用大道。

第一，圣人劝令绝学，即摒去有为之学，立足于大道的角度，示善恶不殊。

绝学无忧。

圣人绝去有为之学，安于分内之真，对善恶而双忘，因善恶也同出一元。然而很多人，偏偏要学用心机、智巧之事。如此则劳神思虑，汲汲于功名利禄之间而不知足，故曰巧者劳而智者忧。无知者又何所求。是则有学则有忧，绝学则无忧矣。然而圣人虽然绝学，并不是说圣人没有智慧，而是圣人智包天地而不用，顺物忘怀，淡然无欲，故无忧。所谓“无欲则刚”“人到无求品自高”。现实中，很多人无智而好用，逐物忘道，汲于欲而不知知足，所以，多思多虑多忧愁。忧与无忧，在用智与不用智之间。

唯之与阿，相去几何？善之与恶，相去何若？

若能明了学而无学，学相皆空，于知忘知，不生分别心，则唯阿齐一，善恶两忘。河上公曰：唯之与阿，相去几何，同为应对，而相去几何，疾时贱质而贵文。善之与恶，相去何若，善者称誉，恶者谏诤，能相去何如。疾时恶直用佞耶。善之与恶，相去何若，顺意为善，违心名恶，违顺既空，善恶安寄，且唯阿出自一口，善恶源乎一心，而忘者知其不殊，执者肝胆楚越，然有为之学，迷执者多，是非善恶之中，喜怒唯阿之内，适为患累之本，绝之所以无忧，此两对略举执学须绝之状也。这段文字的中心意思是说无为方能站在道的制高点上看待善恶、违顺、直佞、唯阿等二元对立的概念。圣人已达心物一元之境，看待问题自然能够看清本质，不被表象欺骗，自然超越，自然无忧。

第二，说圣人不耽染妄情尘缘。

人之所畏，不可不畏，荒兮，其未央哉。

《唐玄宗御制道德真经疏》御疏（后面行文简称御疏）：人之所畏者，畏慢与恶也。夫慢则为过，恶则被嫌。被嫌则人所弃薄，为过则物多尤怨。以况有为俗学，增长是非，若不畏而绝之，是皆违分伤性，故不可不畏而绝之也。河上公曰：人之所畏，人谓道人，所畏者，畏不绝学为之君也。不可不畏，近令色，杀仁贤也。

此段文字是说圣人畏惧增长是非、傲慢、为恶、违分伤性之有为之学，意必绝之。

第三，泛列部分人耽于世情俗乐的情状。

与圣人相比，一部分人执着于悠游嬉戏之中，沉溺于玩乐，恰如历史上一些昏君沉迷于声色犬马之中而不知醒悟，荒废朝政。

众人熙熙，如享太牢，如春登台。

《唐玄宗御注道德真经》御注如春登台（后面行文简称御注）：众人俗学有为，熙熙逐境，如临享太牢，春台登望，动生贪欲。故《豳诗》云：春日迟迟，采蘩祁祁，女心伤悲，殆及公子同归。言众生欣爱声色，情染极深，如饥人享太牢之馔，悦美色之甚，又如春日登台，眺望林野，畅适其心也。此段文字言一般俗学有为之人，被声色犬马所迷惑而心生贪恋之情。

第四，开悟后圣人不同于流俗的心境、生存生活方式。

我独泊兮，其未兆，若婴儿之未孩。

御疏：我者，圣人老子自称，言我畏绝俗学，学道含和，独能泊然安静，于彼代间有为之事，情欲等法，略无形兆。如彼婴儿，未孩笑，无分别也。孩者，别人之意。《庄子》曰：不至于孩而始谁。若婴儿未孩，魁无所归，婴儿，赤子也，孩，笑也，魁，宽大也，归，住着也。言圣人动不乖寂，处染不染，如彼婴儿未能孩笑之时，心形俱净，又智慧魁弘，器量宏博，譬彼虚舟而无住上也。此段文字言圣人已修成赤子之心，为人已达精诚之境。

乘乘兮，若无所归。

御疏：乘乘，运动之貌也。众人动生耽着，常有执求，故若有所归往。我本无心，泊然安静，乘流则逝，值坎而止。若彼行道之人，无所归趣，不汲汲也。此段文字是说圣人淡泊宁静。

众人皆有余，而我独若遗。

御疏：众人皆有余，而我独若遗，众人俗学耽着，矜夸巧智，是法皆执，自为有余。我独损之，未常凝滞，心无爱染，故若遗忘。成疏：众人皆有余，我独若遗，众人滞有，故耽染有余，圣智体空，独遗弃不取。《唐玄宗御注道德真经》御注：常若不足，似有所遗忘。河上公曰：我独如遗弃，似于不足也。此段文字是说圣人体悟道体真空，不会被迷境所转。

我愚人之心也哉？纯纯兮。

御疏：言我于诸法中，体了无着，故若遗忘，岂则如愚人之心也哉。但我心沌沌，质朴无爱欲，故曰若遗尔。成疏：纯，不杂也。圣智虚白，纯粹精专，如彼愚人，心无分别。此段文字是说圣人大智若愚，心归朴素。

俗人昭昭，故若昏。我独若昏。俗人察察，我独闷闷。

御疏：俗人昭昭，我独若昏。俗人察察，我独闷闷。昭昭者，自矜衒巧智也。若昏者，如昏昧无所分别也。察察者，施教法以绳下也。闷闷者，宽大之意也。所以昭昭矜衒，察察施教者，皆由不绝俗学与有为，故圣人畏绝若昏默也。成疏：俗人昭昭，我独若昏，流俗之人，心灵暗昧，昭然分别，自眩其能，圣智虚通，明如日月，而韬光匿耀。此段文字是说圣人无分别，宽厚待人，与俗有别。

忽如晦，寂兮，似无所止。

御注：容貌忽然若昏晦，而寂兮绝于俗学，似无所止着。御疏：绝学行人，忽忽无心，常若昏昧，而心寂兮，曾不爱染，于法无住，故似无止着尔。河上公曰：忽若晦，我独忽忽，江海之流，莫知其所穷极。寂兮似无所止，我独漂漂若飞扬无所止也，志意在神域。荣曰：德宇恢恢，心奎澹澹，犹如大海风动，波随漂泊，东西终无定止。成疏：晦，暗也，止，住也。圣智实明，而忽忽如暗，歌显光而不曜，故发此言。虽复同尘，而恒自凝寂，又不住此寂，故无所止也。此段文字是说圣人绝于俗学，湛寂常明，无有执着之心。

众人皆有以。

御注：众人于世间，皆有所以逐境俗学之意。御疏：凡俗之人，不畏俗学，常有所以耽滞逐境，未曾休息。我于世间，独分别，有鄙陋顽者，无分别也。鄙者，陋不足也。而心实了悟，故云似尔。自众人熙熙已下，皆对明也。河上公曰：以，为也。荣曰：用有为也。成疏：众人皆有以，我独顽似鄙，众人滞于欲境，未尝休息，虽复取拾不同，同有所以，圣人妙体虚假，曾无分别，既不见是，亦不见非，类彼顽愚，若兹鄙陋。此段文字是说众人于世间耽染外境，逐境而转。

第五，圣人能独用大道。

而我独顽似鄙。

御注：顽若无分别，鄙者陋不足，而心实了悟。外若不足，故云似尔也。河上公曰：我独顽似鄙，独无为，似鄙，以若不逮。荣曰：若愚人之无知，同贱者之不饰。本段文字是说圣人外在貌似鄙陋不足，如愚似傻，而实际上心有了悟大道，不同于流俗。

我独异于人。

御注：人有情欲，我无爱染。人与道反，我与道同尔。御疏：我独异于人，而贵求食于母。此两句结成也。我独异于人者，异于不绝学之凡人也。诸法与凡人异，凡人爱染有为，我独遗忘情欲。人于诸法分别，我独等无是非。故云异于人。河上公曰：我独与人异。荣曰：我欲异于人而贵食母，食，用也，母，道也。人皆得意，未假以言，物既失理，圣人设教。自春台已下，并是众生有为之病，圣人随病救之，皆用无为之药，救有为之病。药无所不同，故言异也。凡夫滞俗，圣人用道，故言求食于母也。成疏：独异于人，而贵食母，食，用也，母，道也。人皆照察而分别，我独忽晦而忘怀。分别，故爱染于声色，忘怀，故贵用于真道，所以为异。本段文字说明圣人异于常人之处是与大道合同。

而贵求食于母。

御注：求食于母者，贵如婴儿无营欲尔。故上文云如婴儿之未孩，下经云含德之厚，比于赤子。如此所以独异于人也。先无求、于两字，今所加也。且圣人说经，本无避讳，今代为教，则有嫌疑。畅理故义不可移，临文则须稳便。便今存古，是所庶几。又司马迁云：老君说五千余言，则明理谓而息言，不必以五千为定格也。御疏：老君戒人守朴全和，少私寡欲，绝视听之耽着，杜声名之奔竞。令如婴儿，但求食于母尔，故云而贵求食于母。河上公曰：食，用也。母，道也。我独用道也。本段文字说明圣人如婴儿一样纯朴，少私寡欲，用道自养，恰如婴儿吃母乳一样。

3.《异俗》诗

绝学无忧真圣人，不求熙熙但淳淳。

质朴无华求食母，不同流俗赤子心。

第二十一章　虚心

真传之言：

孔德之容，唯道是从。道之为物，唯恍唯惚。惚兮恍兮，其中有象；恍兮惚兮，其中有物。窈兮冥兮，其中有精。其精甚真，其中有信。自古及今，其名不去，以阅众甫，吾何以知众甫之然哉？以此。

真传释义：

1. 圣人人格：圣人唯道是从，能虚掉纷乱的心思，使心安宁静，因而圣德巍巍，对道有深刻的体验而有大的涵养、包容、谦卑。

2. 内涵解析：前章明绝学圣人贵用真道，本章对于圣人圣德容貌和体验大道之状态进行了描绘。

本章有四层含义。第一，说明证道圣人与道相契合的圣德容貌；第二，说明圣人所证之道，非有非无；第三，道虽无形、无名，却在恍惚杳冥之中，通过事物可以显现，其妙用可证可信；第四，说明圣人明道无去无来、无始无终却运化不息。

第一，说明证道圣人与道相契合的盛德容貌。

夫大象无形，至人无己，神人无功，圣人无名，深不可测而超然物外。欲知圣人其真容，实在是难以言喻。试想当年老子帝乡之上，将驭白云，函关之前，仍浮紫气。应物而动，有千年之鹤归。乘时而行，变五色之龙跃。只能用“唯恍唯惚，孔德之容”形容。

孔德之容，唯道是从。

拥有盛大德性的圣人，容貌若何，从属于道；而大道周遍沙界，所以圣人大德与道妙契，故能虚虚包容一切，语静动默，皆合于道。

第二，说明圣人所证之道，非有非无。

道之为物，唯恍唯惚。

“大道到底为何？”确实难以用语言描述，不得已，老子只好在第一章让我们“体道”。此章说明至道之为物也，不有而有，虽有不有，不无而无，虽无不无，有无不定，故言恍惚。所以言道之为物者，是说明道不离物，物也不离道，道外无物，物外无道，用即道物，体即物道，亦明悟即物道。《中庸》云：“道也者，不可须臾离也；可离，非道也。是故君子戒慎乎其所不睹，恐惧乎其所不闻。”

《今日有悟》诗云：

以金做器器皆金，毋须分别皆为真。

处处妙有何再觅，归家孝敬父母尊。

第三，道虽无形、无名，却在恍惚杳冥之中，通过事物可以显现，其妙用可证可信。

惚兮恍兮，其中有象。

御注：惚，无也。恍，有也。兆见曰象。自无而降有，其中兆见一切物象也。河上公曰：道虽恍惚无形之中，独为万物法象也。意谓道虽无形，而人在恍惚中能兆见非象之妙象。

恍兮惚兮，其中有物。

御注：物者，即上道之为物也。自有而归无，还复至道，故云其中有物。御疏：物者，即上道之为物，谓妙本也。妙本降生，兆见物象，性修反德，则复归无物。无物即道也。言人修性返德，不离妙本，自有归无，还冥至道，故云其中有物，言有妙物也。此摄迹以归本也。河上公曰：道之恍惚，其中有一，经营生化，因气立质。意谓人在恍惚中，能兆见非物之妙物。

窈兮冥兮，其中有精。

御注：恍惚有无，窈冥不测，生成之用，精妙甚存。御疏：窈冥，深昧也。虚极降生，性修返德，摄迹归本，妙物或存，窈冥深昧，不可量测，含孕变化，中有至精，故云其中有精也。河上公曰：道唯窈冥无形，其中有精，实神明相薄，阴阳交会。意谓人入于窈窈冥冥状态之中，空空寂灭之时，能觉元精发动。

其精甚真，其中有信。

御注：冥冥之精，本无假杂，物感必应，应用不差，故云有信。御疏：至道妙物，既本非假杂，变化至精，故其精甚真。生成之功，遍被群有，物感必应，曾不差违，故云其中有信也。意谓此冥冥之无精，有感必孚，无有差错，恰如人讲诚信。

第四，说明圣人明道无去无来、无始无终却运化不息。正因为此，它才能尽阅万物的起始。

自古及今，其名不去。

御注：言道自古及今，生成万物，物得道用，因用立名。生成之用，既今古是同，应用之名，故古今不去也。意谓大道从古到今生成万物，因道用而立应用之名，不可去也。

以阅众甫。

御注：阅，度阅也。甫，本始也。言至道应用，度阅众物本始，各遂生成之用也。意谓大道的应用，能度阅万物的本始之处，而又能使万物各尽其用。

吾何以知众甫之然哉？以此。

御注：以此令万物皆禀道，妙用生成故尔。御疏：又详质云：吾何以知万物本始皆资禀于道，道必度阅之，令遂其生成之用而然哉？答云：此者，以此甚精甚信，凡今万物皆禀妙用生成，故知之尔。成疏：此假设问也。老子曾云：我何以知始终之事，只用此真精纯信之道，恍恍冥冥之法，故知之也。这一句的意思是我怎么知道万事万物的本源，只是用这个真精纯信之道、恍恍冥冥之法，就知道了。此是总结性的言语，点出了圣人体验大道的妙法。

3.《虚心》诗

心虚宁静恍恍惚，象物精信自然出。

似有若无孔德容，微妙运化阅众甫。

第二十二章 益谦

真传之言：

曲则全，枉则直，洼则盈，敝则新，少则得，多则惑。是以圣人抱一，为天下式。不自见，故明；不自是，故彰；不自伐，故有功；不自矜，故长。夫唯不争，故天下莫能与之争，古之所谓曲则全者，岂虚言哉？诚全而归之。

真传释义：

1. 圣人人格：圣人能虚心体道，与物无争，能与道合一。谦虚谨慎，与物无争，故众德交归，德无不备，众美皆具。

2. 内涵解析：前章是说圣人圣德巍巍，但于教未周，所以本章重显圣人孔德之行：以身作则，以身示范。第一，举圣人四行：曲、枉、洼、敝，表明圣人非常谦和之缘由；第二，明妙体一中，抱一而能为万物楷式；第三，彰明圣人四种德性，与第一层意思相对应；第四，引用古语，说明圣人委曲以御世，事事尽诚，人人各得其所。

第一，举圣人四行：曲、枉、洼、敝，表明圣人非常谦和之缘由。

曲则全，枉则直，洼则盈，敝则新，少则得，多则惑。

憨山大师注云："曲，委曲。即曲成万物而不遗之意。"谓圣人委曲以御世，无一事不尽其诚，无一人不得其所。譬如阳春发育万物，虽草芥毫芒，春气无不充足。若纤毫不到，则春气不全。圣人之于人，无所不至。苟不曲尽其诚，则其德不全矣。故曰曲则全。枉则直者，屈己从人曰枉。直，伸也。谓圣人道高德盛，则大有径庭，不近人情。若不屈己从人，俯循万物，混世同波，则人不信。人不信，则道不伸。由人屈而道伸。故曰枉则直。洼则盈者，众水所聚，地之最下者，曰洼。譬如江海最为洼下，故万派皆归。而圣人之心至虚至下，故众德交归，德无不备。故曰洼则盈。敝则新者，衣之污损曰敝。不敝，则不浣濯，不见其新。以其敝乃新耳。以譬圣人忘形去智，日损其知见，远其物欲，洗心退藏于密。欲不敝，则道不新。故曰敝则新。圣人忘知绝学，专心于一，故于道有得。故曰少则得。世人多知多见，于道转失。故曰多则惑。圣人以道德为根本，弱己饶人，潜忍忿怒，忍柔委曲，自然周全己身；用以治世，自然能照察全局，全民皆得受益。圣人亦能"恭敬一切"，虚心谦逊，不论远近，贵贱之人，自然归服于己。圣人亦能守敝自修，日新而有上进，"苟日新、日日新、又日新"是也。"道"为万化之根本，至简至易，如求得者，可知万物之性，晓万殊之理。如妄追万汇之繁，必然迷于歧途，如坠烟海。

第二，明妙体一中，抱一而能为万物楷式。

是以圣人抱一，为天下式。

圣人抱一不离，可为天下法式矣。式，法也。

这句话的意思是说圣人持此一中之道，能轨范群生，所以成为天下修学的楷模人物，成为榜样。

第三，彰明圣人四种德性，与第一层意思相对应。

不自见，故明。

唐末强思齐云：物我皆空，不见有我身相，故智慧明照也。

不自是，故彰。

笔者认为：不自是故彰，意思是说圣人不自以为是而非难别人，能虚心容物，智慧昭昭，其圣德自然能彰显于世。

不自伐，故有功。

伐，取也。意思是说圣人德化流行天下，但是不自取其美，不自我炫耀功劳，而能谦让，推功于物，但实实在在有功于天下了。

不自矜，故长。

圣人不自己矜夸，只为推功于物，善行益长，看不见的无形的德行也一天天增长着。

夫唯不争，故天下莫能与之争。

御注：不与物争，谁与争者。河上公曰：此言天下贤与不肖，无能与不争者争也。荣曰：以我为是，指他为非，不能顺人，唯知逆物，而起

于争。圣人屈曲从物，豁荡是非，不争功名，与物无竞，故天下虽大，谁能争乎。总体的意思是说圣人已妙达违顺之理，故而能谦以自牧，不与物争，那么，天下没有谁能和不争者争也。就像打人没有与你对打的人一样的道理。

第四，引用古语“曲则全者”，嗟叹曲全。说明圣人委曲以御世，事事尽诚，人人各得其所。

古之所谓曲则全者，岂虚言哉？诚全而归之。

御注：古者曲全之言，岂虚言哉，实能曲者则必全，理归之也。御疏：此引古以结曲全也。言自古有此曲全之言，岂虚有此言而无实者哉？若能曲顺不逆者，信有全理，归之于己尔，故云诚全而归之。诚，信也。

本句话的意思是说昔人所谓屈曲柔顺以全其道，是实实在在的语言，绝非虚言，人人能效仿圣人不与物争，大成全德，人人皆归于道德。

3.《益谦》诗

虚心和柔谦受益，潜忍忿怒曲则全。

更教此心常抱一，诚全归之德动天。

第二十三章　虚无

真传之言：

希言自然。故飘风不终朝，骤雨不终日，孰为此者？天地。天地尚不能久，而况于人乎？故从事于道者，道者同于道，德者同于德，失者同于失。同于道者，道亦乐得之；同于德者，德亦乐得之；同于失者，失亦乐得之。信不足焉，有不信焉。

真传释义：

1.圣人人格：此章言圣人笃信大道，忘言体道，顺其自然，和光同尘，与时俱化。

2.内涵解析：此章广明诸行。第一，体道需忘言，才能契悟大道之理。第二，明心有执着，妄动躁心，勉强好辩者不能长久，所以无常。第三，圣人忘言之得，和光混俗，无处而不自得。第四。明圣人笃信大道而自信道之真。

第一，体道需忘言，才能契悟大道之理。

希，是少的意思。希言，就是寡言少语。“多言数穷，不如守中。”故曰：“道之出口，淡乎其无味，视之不足见，听之不足闻，用之不可既。”言出于自然，简约而中肯。如果勉强好辩，不能合乎自然，而离道失德。唯希言者，才能合乎自然耳。

第二，明心有执着，妄动躁心，勉强好辩者不能长久，所以无常。

御注：风雨飘骤，则慕卒而害物，言教执滞，则失道而生迷也。大道到底为何？盖“开口即错，动念即乖”，至道绝言，言即乖理，唯有忘言得意，才可以契会虚玄之道。所以以“飘风不终朝，骤雨不终日”比好辩多言者之不能长久。另外，喜欢辩论者，大多心有愤激不平之气。就好比飘风骤雨，也是天地不平之气。恰如人一样愤青，无法持续很久；天地的不

平之气，都不能长久，何况于人乎？此处告诉我们圣人已达玄同之境，而喜好辩论的人对大道不能确信不疑，不能从事于道。

第三，圣人忘言之得，和光混俗，无处而不自得。

圣人从事于道，已经妙悟契合世间万象玄同之理，所以无人而不自得。所以在于有道者，那么就与此同于道；在于有德者，就与之同于德。失者，指世俗没有道德之庸庸碌碌之人。那么圣人与世俗庸人，亦同于俗。即所谓呼我以牛，应之以牛，呼我以马，应之以马，无可无无不可。丝毫没有我执之心。而且同于道德，固然乐得之。即同于世俗，也乐而自得。圣人何以做到时时处处自得其乐，与人、物混同为一，无处不自得。

第四，明圣人笃信大道而自信道之真。

圣人何以做到处处自得、与时俱化？盖圣人确信玄同大道之理，虽不言，而能使别人同而化之而与之同信；至于好辩之徒，强聒多言，喋喋不休，人却不会相信。原因在于其自信不足，无法使别人与之同信。

3.《虚无》诗

无声无息曰希言，无为无作顺自然。

从容中道契虚玄，时时处处自乐天。

第二十四章　苦恩

真传之言：

跂者不立，跨者不行。自见者不明，自是者不彰，自伐者无功，自矜者不长。其于道也，曰余食赘形。物或恶之，故有道者不处也。

真传释义：

1. 圣人人格：圣人不自见、不自是、不自伐、不自矜，谦虚自守而顺其自然。

2. 内涵解析：前章以急躁喜竞之人，执教滞言之失，本章重明其义，分为三层意思来阐述：第一，举跂、跨两惑，违背自然，故“不立”“不行”。第二，重辨四迷：自见、自是、自伐、自矜之危害。第三，进行譬喻，劝令人们厌舍这些背道而驰的行为。

本章的译文如下：踮起脚跟站着的人，站不长久；迈起大步走路的人，不能远行。固执己见者，是不明大理，以己为“是”、自以为是者，是偏执一方，其“是”不可彰显于众。稍微有点功劳就自居，常在人前夸耀自己，必不能成其大功。自高自大锋芒外露的人，不会长久。从道的角度看，以上这些急躁炫耀的行为，只能说是好像剩饭赘瘤，是多余的东西，谁都厌恶这样的举止，所以有道的人绝不这样做。《庄子》云：附赘悬疣也。言矜夸自是之人，其在道行，实犹残食赘病，甚可厌贱也。物或恶之，故有道者不处。赘是无用之肉，跨是无用之行，世间人物咸恶见之，故怀道之士岂处心于矜夸赘行乎？

上述这些跂者、跨者，自见、自是、自伐、自矜者是一部分修道者的通病；而有道之士，达到圣人级别的人却能谦虚自守，必不处此。故曰有道者不处。以其不能合乎自然也。其实，这一段文字无疑给一些修道者敲响了警钟：人为刻意地搬运、观想、打坐，如果不归清净门头，终日妄

参，大道当然不能彰显。应常存不满足之心，不生速求之心。不自足，虚虚静静，不向外张扬，只重内中运行生化，才合老子本意。无一事搅我心头，居我灵府，久久涵养，一点灵光普照，恍若日月在天，无所不照。修行人应当重本性，轻外形，取于隐，舍于显。否则会招来很多不必要的麻烦。道永远是补不足，修道者以空为镜，以德做本，自然宁静至虚，德性彰显。修行人应当厌恶自是、自见、自伐、自矜这些真我厌恶的假我的表演，无端地消耗精气神。

而现实中很多人急切地追求功名利禄，殊不知本段文字给急功近利的人敲响了警钟，如："自伐者无功。"御注：专固伐取，物所以不与，故无功。御疏：夫谦者德之柄，让者礼之文，苟失斯道，无从而可，况自专固伐取以求功，不让则争，功斯滥矣。故云自伐者无功。河上公曰：所以辄自伐取其功美，自失有功于人。严曰：万人未动，天下未应，为之起兵，失君之道。为兵之道，失君之机，万民怨恨，天心不平，宗庙危殆，终身无功也。成疏：凡有所为，辄自伐取，物皆不免，故无功绩。看来，上自天子，下自黎民百姓，做人修道乃至于做管理工作，皆当自谦，而不能自我炫耀与矜夸，否则会南辕北辙。

3.《苦恩》诗

举踵而立唯逞强，阔步而行一时忙。

自见自是自矜夸，强梁之行不久长。

第二十五章　象元

真传之言：

有物混成，先天地生。寂兮寥兮，独立而不改，周行而不殆，可以为天地母。吾不知其名，字之曰道，强为之名曰大。大曰逝，逝曰远，远曰返，故道大、天大、地大、王亦大。域中有四大，而王居其一焉。人法地，地法天，天法道，道法自然。

真传释义：

1. 圣人人格：圣人体真常之道，法乎自然。

2. 内涵解析：前章圣人教化人去掉背道而驰的习性，本章妙显道之体性与形状，以教化世人明了万象之元——道，教人返本于大道。本章中，第一妙显道的体状，非人之见闻可及，而妙绝形状与声音；第二明大道本无称谓，不得已立名曰道；第三明引方向，教人归根返本；第四举域中四大：道、天、地、王，使人依之修持；第五明示自浅至深，渐渐臻于自然之境。

第一，妙显道的体状，非人之见闻可及，而妙绝形状与声音。

有偈子云：有物先天地，无形本寂寥，能为万象主，不逐四时凋。

夫有物混成，先天地而存在，虽然不可见闻，但是已含万类庶品，超越造化而为功，理性湛然，寂寞独立，见其善贷，强与之名，物得以生，字之曰道。

有物混成，先天地生。

御注：将欲明道立名之由，故云有物。言有物混然而成，含孕一切，寻其生化，乃在天地之先也。御疏：有物者，妙物也，即虚极妙本也。将欲申明强名所由，不可即称道，故云有此妙物。混然而成，含孕众象，寻其生化，乃在乎天地之先，故云先天地生尔。河上公曰：谓道无形混沌，而成万物，乃在天地之前。意思是说道非有而有，非物而物，混沌不分，而能生成世间万象种种，而此混成之道，在天地生成以前就存在了。《庄子》云：神鬼神帝，生天生地，又云：在天地之先而不为老。

寂兮寥兮，独立而不改，周行而不殆，可以为天地母。

御注：有物之体，寂寥虚静，妙本湛然常寂，故独立而不改。应用遍于群有，故周行而不殆。而万物资以生成，被其茂养之德，故可以为天地母。御疏：寂兮寥兮，独立而不改，周行而不殆。寂寥者，叹有物之体寂寥虚静，妙本湛然，故独立而不移改，物感必应，应用无心，遍于群有，故周行而不殆。可以为天地母，妙本生化，遍于群有，群有之物，无非匠成，万物被其茂养之德，故可以为天下母尔。母以茂养为义也。意思是说道既听不到它的声音，也看不见它的形体样状，寂静而又空虚，不依靠任何外力而独立长存，且流行四时，循环运行而永不衰竭，终古不穷，故曰周行而不殆。殆，穷尽也。天地万物，皆从此中生，可以称得上天下万物的母亲了。

第二，明大道本无称谓，不得已立名曰道。

吾不知其名，字之曰道，强为之名曰大。

御注：吾见其物生成，隐无名氏，故以通生表其德，字之曰道，以包含目其体，故强名曰大。御疏：字者表其德，名者定其体。老君云妙本生化，冲用莫穷，寂寥虚静，不可定其形状。先天地生，难以言其族氏。故吾不知其名，但见其大通，欲表其通生之德，故字之曰道。见其包含无外，将欲定其至无之体，故强名曰大。凡物先名而后字者，以其自小而成大，而道先字而后名者，以其从本而降迹尔。圣人老子谓道之为物至妙至神，但不知是什么东西，也不知道它的名字，在不得已的情况下立了一个“道”的名字。且又强名之曰大道耳。向下释其大字。老子谓我说此大字，不是大小之大。乃是绝无边表之大。往而穷之，无有尽处。河上公曰：大者，高而无上，罗而无外，无不包容，曰大。

第三，明引方向，教人归根返本。

大曰逝，逝曰远，远曰返。

御注：妙用无方，强名不得，故自大而求之，则逝而往矣。自往而

求之，则远不及矣。若能了悟，则返在于身心而证之。御疏：夫滞于一方者，非天下之至通也。故天职生覆而不能形载，地职形载而不能生覆，唯妙本之用，用无定方，虽则强名曰大，而复不继于大。自大而求之，则逝而往矣。自往而求之，则远不及矣。自远而求之，则复返在人身心矣，故曰远曰反。远曰返亦可理解为：凡事变极则通，穷极则返，何其宛转流通，是说回环而不已乎，所以又曰反。又《庄子》曰：夫道于大不终，于细不遗。

第四，举域中四大：道、天、地、王，使人依之修持。

故道大、天大、地大、王亦大。

御注：因其所大而明之，得一者天地王。天大能覆，地大能载，王大能法地则天行道，故云亦大也。御疏：因强名道曰大，而举所次大者，放天能颠玄在上，垂覆万物，地能凝静于下，厚载万物，王能清静无为而化万物，此三大也，吾道一以贯之。大体意思是道大到无所不容，包罗天地。天大者，无不覆盖。地大者，无不承载。王大者，天下皆归控制也。

域中有四大，而王居其一焉。

御注：王者，人灵之主，万物系其兴亡，将欲伸其鉴戒，故云而王居其一，欲警王令有所法，谓下之文也。意思是说王为人灵之首，有道即万物被其德，无道则天地、人民皆蒙其害，故特标而王居一，欲令法道自然。以此说明王与道、天、地能并称四大之一，皆因能造福于民，无论贫富贵贱皆得王之养育，道、天、地功德相同也。《庄子》云：夫道未始有封而此言域中者，欲明不域而域，虽域不域，不域而域，义说域中，虽域不域，包罗无外也。

第五，明示自浅至深，渐渐臻于自然之境。

人法地，地法天，天法道，道法自然。

御注：人谓王也，为主者先当法地安静。既尔又当法天，运用生成。既生成已，又当法道，清静无为，令物自化。人君能尔者，即合道法自然。河上公曰：人法地，人当法地安静和柔。种得五谷，掘得甘泉，劳而不怨，有功而不置之也。地法天，天淡泊不动，施而不求报，生长万物，无所收取也。天法道，道法清静，不言阴阳，运行精气，万物自成也。道法自然，道性自然，无所法也。

因此，根据如上对“道法自然”的注解，可以认为“道法自然”是一种境界追求，向学道者指明了一个方向，即回归到道性的本然虚静之明。恰如庄子《齐物论》有云：“枢始得其环中，以应无穷。是亦一无穷，非亦一无穷也。”故曰：“莫若以明。”

3.《象元》诗

有物浑成先天地，寂寥独立无改移。

包罗万象却寂寂，枢始环中是无极。

第二十六章　重德

真传之言：

重为轻根，静为躁君。是以圣人终日行，不离辎重。虽有荣观，燕处超然。奈何万乘之主，而以身轻天下？轻则失臣，躁则失君。

真传释义：

1. 圣人人格：圣人持重、静定制动、爱护人民。

2. 内涵解析：本章圣人告诫君人者，当知轻重动静，欲其保身重命之意也。

本章有三个层次。第一，说明轻狂躁动不可取，重静之胜。第二，明重静之圣人，即使行动也不乖张。第三，说明轻狂躁动的人，亡国丧身。

第一，轻狂躁动不可取，重静之胜。

大德之圣人重在生生不息，所谓“上天有好生之德”是也。圣人以静制动，恰如三十辐之循环，重为轻根，重者制轻。

重为轻根，静为躁君。

河上公曰：重为轻根，人君不重则不尊，治身不重则失神，草木之花叶轻故零落，根重故能长存也。静为躁君，人君不静则失威，治身不静则身危，龙静故能变，虎躁故夭亏。荣曰：大小俱轻，不能为于根本，上下皆躁，岂可为于君主，是以一轻一重，轻者以重为根，一躁一静，躁者以静为主。故无为重静者君之德也，有为轻躁者臣之事也。上下各司其业，为君又须重静。意思显而易见：重为轻根，就好比重为树根，而轻为花叶，花叶容易凋落，而根在却可以长存。这句话是圣人告诫修学之人不要轻浮狂躁，所以《尚书》有云：君子不重则不威。静为躁君，静定则能无为，而狂躁则易产生贪欲。唯有以静制动，方可六神有主，不致背离道德。

第二，重静之圣人，即使行动也不乖张。

是以圣人终日行，不离辎重。

河上公曰：辎，静也。圣人终日行道，不离静与重。荣曰：有道之主，君子人物，务于重静，不为轻躁，举不失道，动不离静，是以行必辎重，居必摄卫，不至危亡，由重静也。这句话的意思是说圣人终日行动，教化人民，和光同尘之时，而不离重静。意思是说圣人即使有所作为而心不扰动，依然保持着心的静定。

虽有荣观，燕处超然。

荣曰：圣人所贵者大道，所宝者重静，虽有瑶台琼室之丽馆，身之所托者虚寂，婀姬飞燕之美御，心之所游者无为，情欲不足以累真，华屋未能以惑己，物无累者，故曰超然。这句话的意思是说圣人看重的是大道，即使有特别华丽的亭台楼榭，但是圣人对身外之物并不执着，不为物累，心超脱于物外。

第三，轻狂躁动的人，亡国丧身。

奈何万乘之主，而以身轻天下？

河上公曰：奈何万乘之主，奈何者，疾时王伤痛之也。万乘之主，谓王者。而以身轻天下，王者至尊，而以其身行轻躁乎？疾时奢恣轻淫也。荣曰：千金之子，坐不垂堂，万乘之君，岂宜妄动。成疏：如何，奈何也。王畿千里，戎车万乘之君，应须重静，乃恣情淫勃，厚赋繁徭，禽荒色荒，轻忽宇内，哀叹之甚，故云奈何。本句是圣人感叹人以道修身，不能轻举妄动。要自爱至贵至尊，可圣人之身不要反以世俗的荣乐为缘，否则，实在是太小看自己。

轻则失臣，躁则失君。

御注：君轻易，则人离散，故失臣。臣躁求，则主不齿，故云失君。御疏：夫君多轻易则必烦扰，烦扰则人散，谁与为臣？故云轻则失臣，此戒人君也。为人臣者，当量能受爵，无速官谤。若矫迹干禄，饰诈祈荣，躁求若斯，祸败寻至，坐招窜殛，焉得事君？故云躁则失君，此伸诫人臣也。河上公曰：轻则失臣，王者轻淫则失臣，治身轻淫则失其精。躁则失君，王者行躁疾则失其君位，治身躁疾，则失其精神也。

修身、齐家、治国、平天下，境界范围有殊，但理无二致。用以修身，如果心浮气躁则真气不生，狂躁则六神无主，修身必然失败，齐家也做不到。而作为国君如果恣情纵欲，轻躁日甚，外则亡国，内则危身。良臣择主而侍，必不能侍其轻狂浮躁之君而离去，是谓失臣也。人主不静则百姓摇荡，宗庙倾危，则失其国君之位也，是谓失君也。总之，身为小民，如能持重，以静制动，修身养性，不轻浮狂躁，重视德行的累积，得到道生德养，也可臻于圣位。而贵为天子，富有四海之荣观，也应恬淡燕处，超然物欲之表，方可保社稷、黎民百姓。

3.《重德》诗

修齐治平理一贯，持重静定超荣观。

更兼以道来修身，百姓社稷得安然。

第二十七章　巧用

真传之言：

善行，无辙迹；善言，无瑕谪；善计，不用筹策；善闭，无关楗而不可开；善结，无绳约而不可解。是以圣人常善救人，故无弃人；常善救物，故无弃物，是谓袭明。故善人者，不善人之师；不善人者，善人之资。不贵其师，不爱其资，虽智大迷，是谓要妙。

真传释义：

1. 圣人人格：圣人至善，臻于忘境，无用而用。

2. 内涵解析：前章正明重静定，动不乖寂，此章广显圣人行能功用。师资之道一齐，凡圣之心双泯，无为自然、潜移默化以教民。本章有三层意思：第一，明重静之人有五善，已达行善而不着痕迹之妙；第二，明圣人已明了根本，万物同源，因事处事，应物无疑；第三，示师资之道，修学之妙，而言之也。

第一，明重静之人有五善，已达行善而不着痕迹之妙。

善行，无辙迹。

御注：于诸法中，体了真性，行无行相，故云善行。如此则心与道冥，故无辙迹可寻求也。庄子云：至人无己，神人无功，圣人无名。与此意相同。圣人心与道合，以无行为行，行无行相，故云善行妙契所修，境智冥会，如鸟自天空而飞过，不落痕迹，故无辙迹之可见。御疏：此明法性清净也。行谓修行也。法性清净，是曰重玄。虽藉勤行，必须无着，次来次灭，行无行相，心与道合，故云善行。能如此，则空有一齐，境心俱净，欲求辙进，不亦难乎？笔者解析到此处，再次明确老子乃悟证大道之圣人也。

善言，无瑕谪。

御注：能了言教，不为滞执，遗象求意，理证言忘，故于言教中无瑕疵谪过也。（得意忘言是也）成疏：不言之言，言而不言，终日言未尝言，亦未尝不言，故谓之善言也。《庄子》云：言而足则终日言而尽道也。圣人无意无我，当言则言，因人劝导，过后不滞于心，自然无弊病可谪。

善计，不用筹策。

御注：能了诸法，本无二门，一以贯之，不生他见，故无劳筹算，自然照了。计无计相，非善而何也。河上公曰：善以道计事者，守一不移，所计不多，不用筹策而可知者也。荣曰：筹策者，以算物数，以道观之，物无不尽，道非于数，宁用筹策也。显而易见，圣人能以道待人，众人必群策群力，其效力而不计其利，事事物物，均有条有理，是谓“善计”。孟子曰：“固国不以山溪之险。”以道治国，人皆体德，则“路不拾遗，夜不闭户”。此谓圣人无利害得失之心，无心应世，用心若镜，自然能观照全局，应世条理分明。

善闭，无关楗而不可开。

御注：兼忘言行，不入异门，心无逐境之迷，境无起心之累，虽无关楗，其可开乎？御疏：此明不计异门，则欲心自闭也。横曰关，竖曰楗。夫善行善言，不耽不滞，则心照清净，境尘不起，故云善闭虽无关梃，其可开乎？故云善闭无关梃而不可开。河上公曰：善以道闭情欲守精者，不如门户有关楗不可得开之。此句意在说明唯有圣人可以做到忘机待物，欲心不生，以道为密用，根本不用设重重机关与网罗，而物无所逃。故无关楗而不可开。

善结，无绳约而不可解。

御注：体了真性，本以虚忘，若能虚忘，则心与道合。虽无绳索约束，其可解而散乎？御疏：此明善闭之人，心与道合也。结，系也。绳，索也。约，束也。解，散也。夫坐忘遗照，深契道源，于诸法中，尽能不滞，系心于此，故云善结。夫用绳约者，绳散则约解，以道结者，心静则道冥，适使万缘尽兴，终能一无所染，虽无绳索约束，岂可解而散乎？故云善结无绳约而不可解。显而易见，此句意思是说圣人已经心契合于大道，抱一无离，自然虽然没有绳索可以约束，但是无法与道分开，而不可解。

第二，明圣人已明了根本，万物同源，因事处事，应物无疑。

是以圣人常善救人，故无弃人；常善救物，故无弃物。

御注：是以圣人常用此五善之教以成之，故无弃者。御疏：是以圣人常善救人，故无弃人。是以者，引下以明上也。言圣人心虽凝寂，教则流通，故常用五善以救人，令必释然而达解，大慈平等，无所偏隔，凡是于人，尽皆善诱，故云常善救人，故无弃人。常善救物，故无弃物。物者通有识无识也。救人善教，故不弃人，救物善心，亦无弃物，使令动植咸遂，无残伤者，故云常善救物，故无弃物。圣人能够教化人存忠诚正直之心，让人复返初心，救人性命，贵贱各得其所，自然无弃人；物我一体，视万物与我一体存在，已通达齐物之境，无分别之心，自然无弃物。

是谓袭明。

御注：密用曰袭，五善之行在于忘遣，忘遣则无迹矣，故云密用。密用则了悟矣，故谓之明尔。御疏：袭，密用也。明，了悟也。善行救人，在于忘遗，若滞教矜有，辙迹必存，故虽常善救人，终使慧心无滞，如此密用，则能悟了。故云是谓袭明。成疏：袭，承也，用也。此即嗟叹常善圣人，利物无弃，可谓承用圣明之道也。此处袭应为承用之意也。承上圣人有五善，心包太虚，善救物救人，说明圣人是承其本明，承用圣明之道，以己之明，诱导人物事亦明之，因之以通其蔽耳。

第三，示师资之道，修学之妙，而言之也。

故善人者，不善人之师；不善人者，善人之资。

御注：师，法。资，取。善人可师法，不善人可取以役使之也。御疏：师，法也。夫善人者，离诸爱染，则心清净，于法无滞，则教圆通。取喻于水，物来斯鉴，所鉴者则形而有象，能鉴者见象而无心。善人正慧若斯，故可为不善人之师法也。不善人之资，资，取也。夫火有其炎，寒者附之。闻道动行，必资宗匠，既说先生之善，须伏弟子之劳，则不善之人，善人可取以役使尔。此句是说圣人是至善之人，心有大志，先人后己，自然可以引导他人，充当宗匠。而不善之人，圣人仍然可以教化使他们一心向善，得以给用之，帮助圣人累积德行。

不贵其师，不爱其资，虽智大迷，是谓要妙。

御注：此章深旨，教以兼忘，若存师资，未为极致。今明所以贵师为存学相，学相既空，自无所贵，所以爱资为存教相，于教忘教，故不爱资。贵爱两忘，而道自化也。庄子云：相濡以沫，不如相忘于江湖。成疏：不贵其师，无能化也。不爱其资，无所化也。前以圣道凡，劝令修学，今明凡圣平等，故遣师资，斯则从浅至深，渐阶众妙。圣人可为众人之师，而不知其师之可贵；化育亿兆百姓，而不知其资之可爱。可谓能辩证看问题，达于忘境：兼忘天下，使天下忘己。

御注：师资两忘，是谓玄德。凡俗不悟，以为大迷，故圣人云：虽智凡俗以为大迷，以道观之，是谓要妙。河上公曰：虽智大迷，虽自以为智，言此人乃大迷惑。是谓要妙，能通此意，是谓知微妙要道也。成疏：师资两忘，圣凡一揆，俗知分别，虽似大迷，据理而言，实成要妙。意谓本来圣人师资两忘，是因已通达微妙要道，但是一般人看来，好像是大迷惑：难道圣人不可贵、不值得宝贵吗？难道我教的学生百姓等不值得爱吗？原因在于一般凡俗未达师资两忘之玄德境界。

3.《巧用》诗

圣人行善因时新，师资两忘明根本。

潜移默化运自然，无用而用妙无痕。

第二十八章　反朴

真传之言：

知其雄，守其雌，为天下溪。为天下溪，常德不离，复归于婴儿。知其白，守其黑，为天下式。为天下式，常德不忒，复归于无极。知其荣，守其辱，为天下谷。为天下谷，常德乃足，复归于朴。朴散则为器，圣人用之，则为官长，故大制不割。

真传释义：

1. 圣人人格：圣人善于守道，虚怀若谷，归根返本，物我同观，公而忘私。

2. 内涵解析：前章明圣人常善救人、救物，救物之方，本章继之。本章有四层意思：第一，明圣人去刚取柔，以柔修身；第二，明圣人知白守黑，德用不穷，为学道楷模；第三，示圣人守辱忘荣，归根返本；第四，言圣人用浑朴纯全之道，利物忘功。

第一，明圣人去刚取柔，以柔修身。

张华有言：无矜尔荣，天道恶盈。无恃尔贵，隆隆者坠，贤达所作，诚不虚言。是知四时去来，寒暑易准，二仪回薄，日月亏全，何况体道融明，知白守黑，妙象圆照，去雄归雌，历万劫而不为，观[illegible]心而常住，为溪为谷，天下归焉。

知其雄，守其雌，为天下溪。为天下溪，常德不离，复归于婴儿。

《尔雅》曰：水注川曰溪。经为天下溪，常德不离，复归于婴儿，知雄守雌，是名善行，物所归往，为天下溪，能如此则真常之德曾不离散。常德不散，即是全和。全和之人少思寡欲，泊然未兆，乃如婴儿，故云复归于婴儿也。本句的意思是说知道以雄为尊，却能持守柔弱雌静，虚心谦下，犹如天下低低的溪涧一样。这样，人身本来的自然常德才不会离开，人能复归于初生婴儿一般，才能复于本性，而归于无分别智。

第二，明圣人知白守黑，德用不穷，为学道楷模。

知其白，守其黑，为天下式。为天下式，常德不忒，复归于无极。

御注：能守雌静，常德不离，德虽明白，当如暗昧，如此则为天下法式。常德应用，曾不差违，德用无穷，故复归于无极。忒，差也。御疏：知其白，守其黑，为天下式，白，昭明也。黑，暗昧也。式，法也。夫能守雌静，则德行昭明，德虽昭明，不以务物，当如暗昧，自守淳和，能如此则可为天下之法矣。为天下式，常德不忒，复归于无极，忒，差也。极，穷极也。知白守黑，是谓德全。德全之人，可为天下法式，则真常之道随应而用，应无差忒，用亦不穷，故云复归于无穷极也。本句意思很明显，是说圣人能够做到知白守黑，大白若辱，大智若愚，是德全之人。因为常能弃明守暗，其德不差，既复清虚，归于至道而德用无穷，所以，为天下修学者的楷模。

第三，示圣人守辱忘荣，归根返本。

知其荣，守其辱，为天下谷。为天下谷，常德乃足，复归于朴。

御注：德虽尊荣，常守卑辱，物感斯应，如谷报声，虚受不穷，常德圆足，则复归于道矣。御疏：知其荣，守其辱，为天下谷。荣，尊荣也。辱，卑辱也。夫为天下式，则其德尊荣，德虽尊荣，常守卑辱，以和为贵，无不含容，如彼空谷，物来斯应，故云为天下谷。为天下谷，常德乃足，复归于朴。朴，道也。虚受应物，如彼谷神，真常之德，是乃圆足，足则复归于朴矣。夫道为德体，德为道用，语其用则常云德乃足，论其体则云复归于朴。归朴则妙本清净，常德则应用无穷，非天下之至通，其孰能与于此者？此句意思是说圣人自知即使道光一世，德贵人臣，而不自认为有其德，不骄奢淫逸，不放纵自己，反能居高位、显位以污辱贱下，蒙耻含垢以守之，如空谷虚容一切。如此常道上德，自然复归于浑全之大朴。河上公亦曰：人能为天下谷，则德乃常止于己。复归于朴，当复归身于质朴，不为文饰也。

第四，言圣人用浑朴纯全之道，利物忘功。

朴散则为器，圣人用之，则为官长。

御注：含德内融，则复归于朴。常德应用，则散而为器，既涉形器，其材用必有精粗，故圣人用之，则为群材之官长尔。御疏：器，形器也。自知雄下，论性修返德，则复归于道。此云朴散为器者，明德全合道，即能应用。应用迹粗，涉于形器，故云朴散则为器也。既涉形器，其材用必有精粗，故凡人用之，适能独全淳朴，圣人弘济，则为群材之官长尔。河上公曰：朴散则为器，万物之朴散则为器用也，若道散则为神明，流为日月，分为五行。圣人用之，则为官长，圣人外用，则为百官之元长也。此句的意思是说能体自然之道的圣人，已经还淳返朴，复归于事物最原始的真朴之状，而在浑全状态下，道之应用即为器用、外用，圣人公而无私用之，所以谓之“官”；能主宰万物，并为万物之首领，所以谓之“长”。

故大制不割。

御注：圣人用道，大制群生，暄然似春，蒙泽不谢，动植咸遂，曾不割伤。御疏：此明圣人用道也。夫圣人德全，大制群有，法乾坤之施，洒雨露之恩，各畅其和，不知其力，令动植之物咸遂其生，曾不割伤以为己用，故云大制不割。此句意谓圣人以浑全大道制御天下，无为无不为，自然无所割裂无所伤害；治身则以大道制情欲，所以不伤精神也。

3.《反朴》诗

外荣内守真常道，复返淳朴德用长。

内圣外王理天下，大制不割无所伤。

第二十九章　无为

真传之言：

将欲取天下而为之，吾见其不得已。天下神器，不可为也。为者败之，执者失之。是以圣人无为，故无败；无执，故无失。故物或行或随，或嘘或吹，或强或羸，或载或隳，是以圣人去甚、去奢、去泰。

真传释义：

1. 圣人人格：圣人已经去掉骄奢淫逸之心，虚心知足，见素抱朴，道全德备，应运出世，无为而为。

2. 内涵解析：前章已明圣人可以忘功利物，本章即显治国治身利物之术。文有三层意思：第一，明如果有欲有为有执着，则会毁身败国，圣人无为，则无败、无执、无失；第二，举有为之相，说明诸法无常；第三，明圣人已经妙能舍离骄泰过分之心。

第一，明如果有欲有为有执着，则会毁身败国，圣人无为，则无败、无执、无失。

夫有道之君，无为化主，欲取天下，顺时应人，故周武克商，白旗悬于纣首，项王御汉，赤帝亡于羽身。不知天命之来，妄起雄强之意，故《运命论》曰：龙犀曰角，帝王之表，河目龟文，公侯之相，不其然乎。高祖揖让而嗣兴，秦皇暴勇而宗减，吾见其不得已，岂虚言哉。

将欲取天下而为之，吾见其不得已。

河上公曰：将欲取天下，欲为天下主也。而为之，欲以有为治民。吾见其不得已，我见其不得天道人心已明矣，天道恶烦浊，人心恶多欲也。此句意谓圣人虚心忘欲，无为无事，而自然能摄取天下苍生而教化之；若以有为取之，才动摄受教化之心，而不得之状已经彰显也。

天下神器，不可为也。为者败之。

成疏云：天下神器不可为，含识之类，悉有精灵，并堪受道，故名神器。神器亦是帝位也。若无为安静，即品物咸亨；若有为扰动，即群生失性，故不可为。为者败之，执者失之，滞溺有为则败亡身命，执心责欲，失国丧邦。本句意谓圣人明了欲得大道，必然不能以有心作为。“道也者，须臾不可离也，可离非道也”，因此人人堪可受道，人人皆可为神器。若无为安静，时机到时，必然得道。有心有为有欲望，悖理徇私，强作妄为，反倒南辕北辙，必然失败。齐家、治理国家理同一贯。因为事物是不断地在大道中运化的。如天道的运行，有春生、夏长、秋收、冬藏，若专执一方，固守一隅，把持愈紧，反而愈失，达不到预期的目的。

执者失之。

御注：历数在躬，已得君位，而欲执有斯位，陵虐神主，天道祸淫，亦当令失之，此戒帝王也。御疏曰：人君者，或拨乱反正，或继体守文，皆将昭德塞违，恤隐求瘼，若执有斯位，陵虐神主，坐令国乱无象，遂使天道福善祸淫，神怨人怒，是生灾沴，乱乃斯作，谁奉为君？亦当失斯位矣。此戒帝王也。河上公曰：强执教之，则失其情实，生为诈伪。此句意思是说有执着，不顺乎自然，必败。而为政者要能允许差异性与特殊性的发展，顺应自然，因势利导，不可执着。

是以圣人无为，故无败；无执，故无失。

此句说明圣人无为，而能无失败、无执着、无失去。

第二，举有为之相，说明诸法无常。

故物或行或随，或嘘或吹，或强或羸，或载或隳。

河上公曰：故物或行或随，上所行，下必随之也。或嘘或吹，嘘，温也。吹，寒也。有所温，必有所寒也。或强或羸，有所强大，秘有所羸弱。或载或车，载，安也。东，危也。有所安，必有所危，明人君不可以有为，治国与治身也。此句意谓盛者必衰，说明盛衰不定；或载或隳，载，连续也，隳，废败也。连续谓之成，废败谓之坏，此明安危不定。所以《庄子》云：其成也毁也，举此八法不定，以表万物无常，故治个治身者，不可以有为封执而取之也。噫：万物各有其自身发展规律，无常变化，岂可有为治之？！

第三，明圣人已经妙能舍离骄泰过分之心。

是以圣人去甚、去奢、去泰。

成疏：怀道圣人，妙体虚假，故不执上之八法，而能去下之三事，甚则美其声色，奢则丽其服玩，秦则广其宫室，去此三惑，处于一中，治国则祚历遐延，治身则长生久视也。此句意思是说天下之圣人，已经明了诸行无常，知道骄奢淫逸过分的害处，所以能检身励志，约己检身，割贪制欲，去造作之甚者，去服玩之奢者，去情欲之泰者。圣人虚心知足，见素抱朴，忘欢而后乐足，去甚、去奢、去泰也。总之，贪婪、骄奢淫逸不仅修身、齐家不成，治国亦败。人背道而驰，会自取其辱，是以成汤天下，虽纣王亵渎神灵，女娲亦不能使之败亡，必得妖女妲己迷惑心性，使之背道而驰，骄奢淫逸，荒淫无度，正能量之人格丧失，最终自消福报，气数已尽，自取其辱而后亡，可不慎欤？

3.《无为》诗

道全德备任自然，无执无私顺客观。

应运出世为官长，卷藏天禄万古贤。

第三十章　俭武

真传之言：

以道佐人主者，不以兵强天下，其事好还。师之所处，荆棘生焉，大军之后，必有凶年。善者果而已，不敢以取强。果而勿矜，果而勿伐，果而勿骄，果而不得已，果而勿强。物壮则老，是谓不道，不道早已。

真传释义：

1. 圣人人格：圣人仁慈，劝诫良臣辅佐人主，当以道化无为，不可穷兵黩武。

2. 内涵解析：上章言圣人已去甚，而以兵强者，过甚之事也。故本章圣人劝诫为臣辅君，不可以兵强天下也。凡势极则反，其事好还。本章有三层意思：第一，明辅佐君王，当用道佐之，央定息兵；第二，明用道之人，无骄傲自大与杀伐，得善果；第三，明有为背离大道，必致危险与灭亡。

第一，明辅佐君王，当用道佐之，央定息兵。

人能弘道，非道弘人，岂不然乎。明君得贤，状飞鸿之有羽翼，圣王遇善，若和羹之得盐梅，故江充绝命于凤池，霍光图像于麟阁，不其然乎。

以道佐人主者，不以兵强天下，其事好还。

御注：人臣能以道辅佐人主者，当柔服以德，不用甲兵之威，取强于天下。夫兵者凶器，战者危事，兵于加彼，彼必应之，其事既好还报，则胜负之数未可量。御疏：以，用也。佐，辅也。还，报也。言为人臣者，当用道化无为辅佐人主，致君尧舜，是曰股肱。舞干羽于两阶，修文德于四海，令执大象而天下往，太阶平而寰宇清，若震耀戈甲之威，穷黩侵伐之事，抗兵以加彼，彼亦又应之，其事既好还报，则胜负之数谁能预测？此句意思很明显，像唐玄宗如此圣明君主亦赞同老子观点，即臣子当以道辅佐君王，心中怀柔，修文德，使天下人归顺，不以兵革，盖天道好还，若盛用强兵，逞暴天下，必然会引起对方的反抗，冤冤相报，天下无宁日。常言道："你有杀人之刀，逼起了他射人的箭。"若作身心解者，即是三毒六根是兵也。其事好还，言如内在的心性不归顺于柔和的道性，勉强逼迫真气出来以修身，必致修身失败。

师之所处，荆棘生焉，大军之后，必有凶年。

河上公曰：师之所处，荆棘生焉，农事废，田事不修也。大军之后，必有凶年，天应之以恶气，即害五谷，五谷尽则伤人也。显而易见，兵马所行之处，害人损物，农业荒废，粮食不得种植，但有荆棘遍地，杂草丛生，如此，必然感召荒歉之年，图造恶业。岂不悲哉？！

第二，明用道之人，无骄傲自大与杀伐，得善果。

善者果而已，不敢以取强。果而勿矜，果而勿伐，果而勿骄，果而不得已，果而勿强。

御注：善辅相者，果于止敌。盖在于安人和众，必不敢求胜取强。故虽果于止敌，敌不为寇。慎勿矜功伐取，以自骄盈，故为深戒也。御疏：故善者果而已，不敢以取强。《春秋》曰：杀敌为果，今明杀敌者令不相侵，止其为暴，是知杀敌为果，即止敌也。故老君云：凡事不得已，而欲用兵之士，但求止敌，令不为寇，又不得以众暴寡，陵人取强。则其事好却还报，是以戒令不敢，云不敢以取强。果而勿矜，果而勿伐，果而勿骄。夫用兵之善，果于止敌。止敌自矜，未名善胜，故虽能止敌，慎勿矜夸。矜夸则伤于伐取，故虽果于止敌，戒云勿伐其功。若必伐取其功，是则自为骄泰。骄泰则乐杀，故败不旋踵，此为明戒，可不慎乎！

上段文字意谓修道有成之圣人，已经没有了暴戾之心，自然不想用兵。迫不得已用兵杀敌，也是希望能止住敌人的残暴之行，以暴制暴而已。然而虽然能止敌，圣人又告诫慎勿矜夸，一旦矜夸则伤于伐取，所以，动用兵力是希望止住敌人的残暴，一旦自认为杀敌有功劳，是则自为骄泰之情增长，以杀敌骄泰就会乐于杀伐，乐于杀伐，违背道义就会遭到失败。圣人之爱民心切，千载而后读之，犹让人感动不已。圣人心中纯是融融泄泄之生机，无杀机，不得已"杀"，仅是止暴而已矣！

第三，明有为背离大道，必致危险与灭亡。

物壮则老，是谓不道，不道早已。

御注：物之用壮，由兵之恃强。物壮则衰，兵强则败，是谓不合于道，当须早止不为也。成疏：物壮则老，炎极则冻，理之常数。物壮则老，其义必然。谓之非道，非道早已，物壮则老，兵强则衰，既不谦柔，故非真道，故应须止息而勿行也。

意谓物极必反，否极泰来，乃自然之规律。而以兵力逞强，猖狂自大，失去了谦逊柔和之意，必然离德失道而导致早早灭亡，可不慎欤？

本章如引申为圣人养生也是同样的道理：人君比喻心，天下者喻身。人修养自身，当心怀仁慈，潜忍愤怒，柔和诚意辅之于心，言行举止亦不可狂妄粗暴。如此这般不求长生而自长生。相反，如为求其生而喜怒哀乐过甚，举止蛮横粗野，便似用兵力强制一样，必然无形中促使心情躁动，百脉不调，疾病来攻，有不幸还报于身。每当剧烈的举心运念之后，浑身感觉不快，就是本章中所讲的“师之所处，荆棘生焉。大军之后，必有凶年”等喻。之所以此处引申解释，是因为本人修身养性之时，前几天因为某事生气发火，反观自身之时，很清晰地感觉到心火沿着手少阴心经上炎到口角与眼下，结果，口角开始红肿，眼睛也发红。心火本应下降与肾水相交，因为心火上炎，导致心肾不交而失眠，于是，立马让心情归于空静，而后心火自然下降，火气无，病气也自行消失了。所以，《老子》一书，实乃是慈悲之圣人智慧的教导，真可以用来指导修身、齐家、治国、平天下也。

3.《俭武》诗

慎用兵马杀伐力，以暴制暴不得已。

止敌为果希无事，无为用道千古意。

第三十一章　偃武

真传之言：

夫佳兵者，不祥之器，物或恶之，故有道者不处。君子居则贵左，用兵则贵右。兵者不祥之器，非君子之器，不得已而用之，恬淡为上。胜而不美，而美之者，是乐杀人。夫乐杀人者，则不可得志于天下矣。吉事尚左，凶事尚右。偏将军居左，上将军居右，言以丧礼处之。杀人之众，以哀悲莅之，战胜，以丧礼处之。

真传释义：

1. 圣人人格：圣人本朴、柔和、善良，有好生之德，恬淡虚无，反对战争，崇尚和平。

2. 内涵解析：前章明息兵用道，但如何用道并未详细解说，本章明用道匡时，须资权实两智。本章有四层意思：第一，明佳兵利器，有道不为；第二，显圣人重道德，不贵兵，应物随时；第三，明用兵乃权宜之计，实非得已，终归于道德矣；第四，说明权变之法，战争时与平时不同，以右为上。

第一，明佳兵利器，有道不为。

人类的历史，伴随一种智慧：战争的智慧。战争中，奇谋百端，兵不厌诈，胜者为工败者寇，一将功成万骨枯。但是，观大卜战争历史，无论胜负，均是血流成河，白骨累累啊。而上天有好生之德，圣人代天宣化，自然也希望复三皇之代，淳化而弃于干戈，五帝之时，揖让而捐于征战。然而，历史上野心勃勃之枭雄，征战不休，百姓受苦。岂知圣人老子恶用凶器，独立自守，居左无言，着明戒以训人，令无施于凶器，生曰大德！何用杀乎！

夫佳兵者，不祥之器，物或恶之，故有道者不处。

御注：佳，好也。兵者，谋略也。凡人修辞立诚，不能以道德藏器，而以兵谋韬略之为好。谋略之用，只在于攻取杀伐，为不善之村器。凡物尚或恶之，是以有道之人不处身于此尔。此句意谓有道行之圣人明王，进德修业，认为佳兵利器，军事谋略，攻取杀伐，动辄有亡国失人之患；而且，兵者惊动人之精神，污浊人之和气，皆为不祥之器、之事，因而，有道之人心心于道德之事，于兵戈与贪欲，唯恐避之不及。

第二，显圣人重道德，不贵兵，应物随时。

君子居则贵左，用兵则贵右。

御注：左，阳也。阳和则发生，故平居所贵。右，阴也，阴凝则肃杀，故用兵所贵。御疏：左，阳也。右，阴也。阳好生，阴好杀。好生，故平居所贵。好杀，故用兵所贵。河上公曰：君子居则贵左，贵柔弱也。用兵则贵右，贵刚强也。此言兵道与君子道反，所贵者异。意谓中国古人认为左主生发之吉祥之气，而右主阴降之凶气，因而，平居好生，以尚生长之气的左为贵。行兵主杀之时，却以右为贵也。所以，何时为贵，看具体的事情，平居之世则贵左用文，荒乱之时则贵右用武，这也体现了道家文化实智则贵长生、权智则有时而杀、与时俱化的特点。太史公亦曰："道家有法无法，因时为业。故曰：'圣人不朽，时变是守'。"

兵者不祥之器。

御注：祥，善也。好兵者尚杀，故不为善之材器。御疏：兵者，不祥之器，非君子之器。上文云佳兵者不祥之器，所以明用兵则尚右而好杀，有道者故不处之。此云兵者不祥之器，对结上文，明非君子之器。君子以道德为材器，故无不利尔。河上公亦曰：兵革者，不善之器也。意谓用兵打仗，武器战备，是不吉祥的，不是君子之器，只是有时不得已而用之，属于权宜之器，终归为杀身之器，不吉祥的。

非君子之器。

御注：君子以道德为村器，不贵兵之谋也。河上公曰：非君子所责重器也。意谓君子以道德为依归，自然不以兵为贵。用兵实乃迫不得已而为之。

第三，明用兵乃权宜之计，实非得已，终归于道德矣。

不得已而用之，恬淡为上。

御注：戎狄内侵，故不得已。善胜不争，是恬淡为上。御疏：夫文德者，理代之器。兵谋也，盖其辅助也。故云文则经纬天地，武则克定祸乱。虽天生五材，废一不可，而武功克定，节制宜存，是知用之有本末，行之有逆顺，皆在乎事，不得已然后应之，谓四夷来侵，王师薄伐，犹当示之以恩惠，绥之以道德。既同蚊蚋之螫，故无凭怒之心，推此而言，是以恬淡为上也。意谓圣人明王在此说出了自己的心声，用兵实在是迫不得已的事情，只是权宜之计，实质是不以用兵为美，而以无为恬淡为上。说明用兵之时，心亦在无为大道，始终未离真常大道。

胜而不美，而美之者，是乐杀人。夫乐杀人者，则不可得志于天下矣。

成疏：若美必乐之，是乐杀人，若以佳兵为美，即是爱乐干戈。乐杀之，夫天下共疾，条阅既多，不可得意。意谓即使用兵打仗胜利了，也不以此为美，否则，就是喜欢杀伐杀人，如果喜欢战争，喜欢杀人，肯定不能得到天下人的拥护。作为君主，本是百姓之父母，应当养育万民，岂能因乐杀而得民心？况且，夫天地好生，物皆含养。人者当顺天地之德，以全济为务焉，不可苟骋诈力以快贪残。贪残之人，人必不会依附，欲求得志，不亦难乎。

第四，说明权变之法，战争时与平时不同，以右为上。

吉事尚左，凶事尚右。偏将军居左，上将军居右，言以丧礼处之。

《礼记·檀弓》曰：夫子与门人立，拱而尚右。二三子亦尚右。夫子曰：二三子之嗜学也，我则有姊之丧故也。二三子复尚左。偏将军处左，上将军处右，言以丧礼处之，上将军则专杀，故处右。偏将军为副，不专命，故处左。今左尊而右卑，上将却居右者，言用兵之道，同于丧礼尚右，今上将居右，是以丧礼处置之尔。河上公曰：吉事尚左，吉生位也。凶事尚右，阴道杀人。偏将军处左，偏将军卑而居阳者，以其不专杀。上将军处右，上将军尊，故居右，其主杀。此处意思很明显，圣人告诉我们，用兵打仗之时，与平时吉事尚左、凶事尚右恰好相反。意谓告诉我们打仗之时，其实是以死丧之礼而安处之的。可见圣人确实不以用兵为尚。

杀人之众，以哀悲莅之。

御注：以生灵之贵，而交战杀之，有恻仁心，故以悲哀伤泣之尔。诚然，恻隐之心，人皆有之，何况圣人明王？战争死伤众多，虽胜而不以为美，盖民为邦本，不能以道化民，出于无奈用兵，仁心岂能不恻隐而为哀伤痛哭乎。笔者写书到此，念及战祸伤民，亦忍不住泪流满面。有诗赞老子云：大道原无极，圣心宁有涯？春风盈六合，何止入流沙？谷庵空无物，中有乾坤大。飞去一片云，慈光覆天下。诚然，只要两军开战，必有死伤，其中滥杀无辜之事亦有发生，让人不禁悲伤流泪。

战胜，以丧礼处之。

御疏：夫战而获胜，胜则受爵。武功居右，是非吉位，故云丧礼处之。但以战为不祥之器尔，亦何必服丧扶杖，然后称之为丧礼乎。诸注此义，皆云古有斯礼，寻阅坟典，既无所据，今所未安，故不录也。又引秦伯向师而哭者，此乃哀败，非战胜也。此处可以见到圣人明王之拳拳爱心，战胜，将军居丧主礼之位，素服而哭之，明君子贵德而贱兵，不得已诛杀残暴，但虽惜卒爱民还是杀了人，悲痛不已，因此，战争胜利后也没有胜利的欢悦，而是发自内心地哀悼在战争中失去生命的人。

3.《偃武》诗

兵戈起时山河变，将军白发征夫寒。
累累白骨千家泪，不如偃武道德衍。

第三十二章　圣德

真传之言：

道常无名，朴虽小，天下莫能臣。侯王若能守之，万物将自宾也。天地相合，以降甘露，民莫之令而自均。始制有名，名亦既有，夫亦将知止，知止可以不殆。譬道之在天下，犹川谷之于江海。

真传释义：

1.圣人人格：圣人心归朴素，知止知足，无为自然，故能为帝王之师。

2.内涵解析：此承上章不以兵强天下，圣人不仅自己守无为自然，而劝诫人主当守道无为，则万物宾而四海服，天地合而人民和，自然利济无穷。

本章亦分为四层意思：第一，标朴素乃无可名状道之特点之一；第二，明守道而能致祥降瑞；第三，言人君如能知止知足，不离无名无形之道，可以制御有名之物；第四，譬喻有道之君可以坐治太平，使天下宾服。

第一，标朴素乃无可名状道之特点之一。

玄玄至道，希夷莫测其源头，恬淡自居其性天，圣人已得之；其名常无，王侯守之，大道自然流行于天下。

道常无名，朴虽小，天下莫能臣。

御注：道以应用为常，常能应物，其应非一，故于常无名。御疏：应用不穷，唯感所适，道之常也。常在应用，其应非一，故于常无名，故云道常无名。意谓真常大道无法用语言描述，虚无寂寂，妙本精一，谓之朴，朴之为常道妙本，小到细微不可见，然而却是为天地万物的根本，太古之初，混元未破，恒常自然者，虽然微细而无具体名象可称，但为宇宙万象的主宰，谁也不能把它当随从者任意支配，即使愚夫愚妇亦知尊重其万物之始的道，没有谁敢以道作为臣者。

侯王若能守之，万物将自宾也。

御注：侯王若能守道精一，无为而化，则万物将自宾服矣。此句意思是说侯王如果能效法圣人，持守妙本精一，无为自然，与民休息，与民同乐，则八方仰望，四海归仁，食德饮和，万民都来归顺。

第二，明守道而能致祥降瑞。

天地相合，以降甘露，民莫之令而自均。

御疏：侯王守道，以致和平，则无妖沴灾害，地平天成，二气交泰，以相和合，降洒甘露，善瑞侯王也。此句还是强调侯王如能守道，合于天地之德，则和气自然流行，嘉瑞之象自然降临，不用命令，化自均平。所谓感应道交，不可思议。

第三，言人君如能知止知足，不离无名无形之道，可以制御有名之物。

始制有名，名亦既有。

御注：人君以道政平，始能制御有名之物，故有名之物，亦尽为侯王所有矣。既，尽也。御疏：制，御也。有名者，天下有名之物也。既，尽也。言侯王抱守精一，则天降善瑞，惠化无心，均平若一。如此始能制御有名之物，物归有道，故有名之物亦尽为侯王所有矣。意谓无形胜有形，无着胜有着之意。作为侯王，必然要统御全局，宏观统筹，而不是纠结于细枝末节，所以，侯王如能安心守于真空妙有之道，与道契合为一，自然能洞观全局，必然能以无名之道制于有名，以无形之道制于有形之万物。

夫亦将知止，知止可以不殆。

御注：若侯王能制有名之物，则夫有名之物，亦将知依止于侯王，知依止有道之君，所以无危殆之事。荣曰：子依母故无伤害，人依道故无危殆也。意谓侯王若能知止于大道之乡，以道化育天下，自然没有危险的事情发生，而万物自然宾服。

第四，譬喻有道之君可以坐治太平，使天下宾服。

譬道之在天下，犹川谷之于江海。

御注：天降甘露以瑞，有道之君在宥天下，天则应之，犹川谷与江海通流耳。本句譬喻有道之君治理天下，执守道德，无为而治，百姓自然归附，就像川谷之与江海，川谷为末，以喻于有名之万物，江海是本，以喻无名之道。川谷之水从何而来，从江海而来，今日欲归何处，还复归于江海。同样的道理，有名之万物从何而来，从无名大道而来，今日治理万物众生，欲归向何处，还是归于无名之道。所以，有道之圣明君王利益百姓，百姓就像川谷之水归流大海一样自然顺服于他。

3.《圣德》诗

真朴细微同道德，心恒守之圣王格。

一念不生性寂寂，万物宾服天下和。

第三十三章　辩德

真传之言：

知人者智，自知者明，胜人者有力，自胜者强，知足者富，强行者有志，不失其所者久，死而不亡者寿。

真传释义：

1. 圣人人格：圣人自知、自胜，养性复真，形化而真性常存，永存不朽。

2. 内涵解析：前章明圣人不仅自己做到了，而且告诫君王：守道则万物自宾；此章明所宾服有道之圣明君王人格特质。本章有四层意思：第一，明圣人告诫君王应有自知之明；第二，明自胜则强；第三，明知足强行，明安贫而乐道；第四，明养性复真，形化而真性常存，永存不朽。

第一，明圣人告诫君王应有自知之明。

用智则迷失浑朴之道，最终精耗神尽而亡。故七圣驰车，问襄城而不得，一子凝观，坐河阳而冥然。尧舜以禅让符合大道之理而大全，燕秦以争权而最终失国。是知息智自胜，得道多助也。

知人者智，自知者明。

《庄子·知北游》曰：黄帝游乎赤水之北，登乎昆仑之丘，而南望还归，遗其玄珠，使智索之而不得，使离朱索之而不得，使契诟索之而不得，乃使象罔。象罔得之，黄帝曰：异哉，象罔乃可得之乎。若用人间之巧智辨是与非，欲求道原，未闻斯旨。惟当灭智，可契真诠。故经云：非以明民，将与愚之，即其义也。译文是《庄子·知北游》曰：黄帝游于赤水之北，登昆仑之丘南望，遗失其玄珠。派智去寻找，没有找到。又派离娄去寻找，也没有找到。最后派罔象去找，找到了。罔象者，忘象也，亡相也。玄珠者，道也，实相也，实体也。凡夫众生不能忘相，执道为实，故失其玄珠。若能亡相，则玄珠自然显现，不劳费力。庄子确实智慧，了知

须忘象才能见珠。但他又怎能知道，此珠本不可执，否则又将执珠成病。何以故？是珠成万象，万象即珠，不可离万象别有一珠体可寻。若离象有珠，则珠亦一象。所以，鉴人而知善恶者，是睿智的人；照察己身而知得失的人，内外清静不染，理得心安，看万象皆具大道之理，是真正明白道的人；故欲明大道，不可外求。

第二，明自胜则强。

胜人者有力，自胜者强。

御注：能制胜人者，适可谓有力。能自胜其心使柔弱者，方可以全其强矣。御疏：胜人者，谓以权智制胜于人，如此之人，适可谓之有力尔。自胜者，谓自能制胜其心，使心柔弱，柔弱之道，物不能加，故可全其强尔。故下经云：守柔曰强。又曰：柔胜刚，弱胜强，故云自胜者强。此句意谓才干、力气胜过别人的人，不过是有力量的人；而能进道修业、战胜自己的习气毛病、以性制情、虚心而弱骨、令心调柔契合于道的人，才是真正的强者。先儒谓：聪明才智之人不足畏，惟沉潜入道、澄心观理者为可畏，斯言不诚然乎？欲明大道，务以沉神汰虑、寡欲清心为主。

第三，明知足强行，明安贫而乐道。

知足者富，强行者有志。

御注：知止足者无贪求，可为富矣。强力行者不懈怠，可谓有志节矣。御疏：知足在心，心若知足，则无贪求，虽草食瓢饮，傲然自足，可谓富矣。强勉力行，曾不懈怠，自知自胜，终久不渝，可谓有志节矣。由此言，亦可理解颜回为何贫而乐道，被称为真正的仁者，盖知足矣。《庄子》亦有云：曾子居卫缊袍无表，颜色肿脍，手足胼胝，三日不举火，十年不制衣，正冠而缨绝，捉衿而肘见，纳屦而踵次，曳展而歌商，颂声满天地，若出金石者，天子不得臣，诸侯不得友，故养志者忘形，养形者忘利，盖谓知足也。这句话确实是圣人教导我们知足才是真正的富足。接着言修养大道毫不懈怠，可谓有志向、有气节的人。例如，唐玄奘西天取经，历经磨难，百折不回，正是“强行者有志”最好的注解。

第四，明养性复真，形化而真性常存，永存不朽。

不失其所者久，死而不亡者寿。

御注：知足强力，不失其所恒，则是久于其道。又注：死者分理之终，亡者夭枉之数，寿者一期之尽。夫知人胜人，必招殃咎，知足强力，乃得天常。得天常者，死而不亡。一期之尽，可谓寿矣。人能修养到与道合同为一，自然久、不亡。《周易·乾·文言》云：夫大人者，与天地合其德，与日月合其明，与四时合其序，与鬼神合其吉凶。修养至天人合一之境，当然可以超越生死，永垂不朽。恰如文天祥亦云："人生自古谁无死，留取丹心照汗青。"孟子之谓"杀身成仁、舍生取义"，同样也是强调人的精神契合于道义的重要性。总之，在圣人看来，天上地下，唯道独尊，大寰宇内，唯德最贵，唯有修道建德，复我本来的真本性才是应止之所，长居之地，如能契合，与太虚同体，与造化同寿，与天地为一，形神俱妙，与道合真，形质虽化，性体永存，自然超越生死、同于不生不死之道境而永垂不朽。

3.《辩德》诗

至尊至贵是大道，蜗角相争实可笑。

自知自胜自知足，养性复真乐逍遥。

第三十四章　任成

真传之言：

大道泛兮，其可左右。万物恃之以生而不辞，功成而不名有，爱养万物而不为主，常无欲，可名于小，万物归之而不为主，可名于大。以其终不自为大，故能成其大。

真传释义：

1. 圣人人格：圣人心与道合，善养育万物，而不自恃有功，故功大无外。圣人是载道之大器，本章老子说的道的不辞、不名有、不为主，其实讲的是圣人的人格品质。

2. 内涵解析：前章明自知自胜有道之君，民能宾服。本章言道大无方，侯王能成光大之业，皆因为能守道忘功。本章有两层意思：第一，言标大道广泛流行，无所不至，无所不达，无所不遍；第二，明功成不自恃有功，功大无外。

第一，言标大道广泛流行，无所不至，无所不达，无所不遍。

大道泛兮，其可左右。

御注：大道泛兮，无系而能应物，左右无所偏移。御疏：泛兮者，无系之貌也。言道之为物，非阴非阳，非柔非刚，泛然无系，能应众象，可左可右，无所偏移。故《庄子》曰：夫道未始有封。本句意谓大道广泛流行，无所不至，无所不达，无所不遍。它可左可右，可上可下，可顺可逆，在方为方，在圆为圆，向无定向，形无定形，任其物性，顺其自然。圣人效法道的品格，自然也无执滞之心。

第二，明功成不自恃有功，功大无外。

万物恃之以生而不辞。

御疏：言天地万物皆恃赖大道通生之功，以全其生理，而大道生化，妙本无心，虽则物恃以生，而道不辞以为劳倦。又解云：物不辞谢于道尔。意谓万物皆倚恃道而生化，道本至虚无物，所以也从不推辞生化万物，也不以生化万物而劳倦。

功成而不名有。

御注：言万物恃赖冲用之道而生化，而道不辞惮以为劳，功用备成，不名己有。御疏：功者生成之功也，言大道生物之功备成，而不以其物为己之有。又解：道之生物虽则功成，其功虽成，曾不名有，言忘功也。意谓大道生化万物，因本无我，所以作出巨大成就而不自以为有功劳。

爱养万物而不为主，常无欲、可名于小。

御注：爱养群材，而不宰于物，于物无欲，则可名于小，言不可名小也。御疏：此声解义也。云可名小者，是不可名小尔。夫道生万物，爱养熟成而不为主宰，衣被万物，常无欲心，岂是道之狭小耶。故云可名于小者，言不可名于小。成疏：衣被者，覆育也。虽覆育万物而匿德藏名，泊然无形，故不为主，似若微小，以是声义，言不小也。养育了万物而不加宰制，它不求名利，无私无欲，可称它为“小”。

万物归之而不为主，可名于大。

御疏：万物归之者，归道生成之功也。言万物归道，道不为主，有此万物弃而不收，岂是道不广大。故云可名于大尔。既云可左可右，所以非小非大。非小非大，固难与为名。注云：有万物不同者，《庄子》文也。道本与万物同体，所以虽万物归附，却不为物主，既不为物主，可名大耶。

以其终不自为大，故能成其大。

御注：是以圣人法道忘功，终不自为光大，故能成其光大之业。御疏：言理天下之圣人，布德施惠，淳风偃化，物遂生成，法道忘功，不自为尊大，故能成其光大之业也。此句意谓体道的圣人，忘我存物，静定、谦虚、柔和，先物后己，不自我托大，对于功劳自然达于忘境，所以能成就其真正的伟大。

3.《任成》诗

真空妙有处处通，心与道合自然明。

忘形释智养天下，不恃有功却大成。

第三十五章　仁德

真传之言：

执大象，天下往，往而不害，安平泰。乐与饵，过客止。道之出口，淡乎其无味。视之不足见，听之不足闻，用之不可既。

真传释义：

1. 圣人人格：圣人无我、纯粹、素朴、清静、无为。圣人的品格恰如大道一样虽然别人看不到、摸不着，淡而无味，视而不见，听而不闻，但其功能及作用是无与伦比的，是任何事物都达不到的。

2. 内涵解析：前章无方之用，利物忘功，本章显忘功之圣人，为物之所自然归往。本章有三层意思：第一，明物归依圣人，皆获利益；第二，举乐饵为譬喻，表明理教虚无而又非常的玄妙；第三，示大道非色非声，非感官所能感知，但是妙用无尽。

第一，明物归依圣人，皆获利益。

执大象，天下往。

河上公曰：执，守也。象，道也。圣人守大道，则天下万民移心归往之。治身则天降神明，往来于己也。无象，谓之大象。大象无形，而能入于众形，有形者无不归。意谓圣人无我，已与虚无大道相契合，以此统御天下，天下没有不来归顺的，以其与物同体也。所以，有道则物归。

往而不害，安平泰。

御注：物往而不伤害，则安于泰平矣。意谓天下人来到圣人的处所，都能够获得利益而没有损害；因为万物恃之以生，所以无往而不利，故云往而不害。政教和平，功业光大，万民自然归往而不会受到伤害，则自然国安家宁而太平有象也。

第二，举乐饵为譬喻，表明理教虚无而又非常的玄妙。

乐与饵，过客止。

御注：乐以声聚，饵以味聚，过客少留，非久长也。御疏：乐，音乐也。饵，饮食也。此举喻也。言人君执大象，而天下之人则归往，亦如人家有音乐饮食，则行过之客，皆为之留止尔。御疏所云：圣人如能执大象，天下人归往，就好比人家有音乐与美味，过客自然留下了。这是一个譬喻，表明理教虚无而又非常的玄妙，能有如此神奇的效果。另外的解释与下文对比承接，可以理解为“利欲的美色、动听的音声、爽口的厚味、香鼻的肴馔，不过只能引人注其耳目，快利口鼻，犹如过客暂且逗留一时”也是有道理的。

道之出口，淡乎其无味。

御注：人君以道德清净为教，初出于口，淡乎其无味，不似俗中言教，有亲誉畏侮等也。御疏：道之出口者，言人君约道德清净之法，以为不言无为之教者，初出于口，淡然无味，岂如俗中有亲誉畏侮等，以为滋味乎。本句的意思是说大道虚无寂寂，其体希夷，所以出口淡然无味，不像音乐悦耳，不像美食爽口，道言无味，真道只是平常。所谓道在平常日用间。

第三，示大道非色非声，非感官所能感知，但是妙用无尽。

视之不足见，听之不足闻，用之不可既。

御注：以道镇静，初无言教，故视不足见，听不足闻，而淳风大行，万物和泰，岁计有余，故用不可既。既，尽也。御疏：既，尽也。道化无为，澹然平正，既不为察察之苛急，亦无滋彰之法令，故视不足见，听不足闻，而岁计有余，淳风和畅，动植咸遂，具物光亨，故用不可尽也。河上公曰：视之不足见，足，得也。道无形，非若有五色，青赤白黑黄可得见也。听之不足闻，道非若五音，有宫商角徵羽可得听闻也。用之不可既，用道治国，则国富民昌，治身则寿命延长，无有既尽时也。本句的意思是说大道窈冥，妙绝形色，非目力所能看见；大音希声，体非商角，不像钟鼓之声可以耳闻；大道不可触摸，至道之言，平静祥和，简单朴素，淡然虚远，非声非色，绝视绝听，若镜之心，物来斯照，如谷之响，只能感而遂通，所以无用之用的大用，它的用处是难以用语言描述尽的。

3.《仁德》诗

大象无形妙无穷，理通万物实道情。
看似淡然实真仁，天下归往自安宁。

第三十六章　微明

真传之言：

将欲歙之，必固张之；将欲弱之，必固强之；将欲废之，必固兴之；将欲取之，必固与之，是谓微明。柔弱胜刚强，鱼不可脱于渊，国之利器，不可以示人。

真传释义：

1. 圣人人格：圣人柔弱自处，见微知著，懂权变之道，顺物之自然。

2. 内涵解析：前章正明忘功之圣人自然赢得人物归之，本章显忘功之人行权方便，随机应物，做到了原则性与灵活性相结合。圣人多能观机逗教，有权实二智。对下士为诱导其归于正道，多开权门，对于上士，则示之以最高智慧。目的都是教化世人，并无优劣。本章有三层意思：第一，表明用权变之道可以利物；第二，校量权与实，明实智胜于权变之智；第三，举发明权变之智不可示于非人。

第一，表明用权变之道可以利物。

大道在处处，无言利益芸芸众生，但得静定，扫除心中荆棘，自可契会，奈何世人逆计，饮河将死，空疲逐日之心，沉溺于情爱乐欲之门，必失坐驰之境，譬游鱼之脱水，如利器之示人；良可叹也。

将欲歙之，必固张之；将欲弱之，必固强之；将欲废之，必固兴之。将欲取之，必固与之，是谓微明。

御注：经云：正言若反，《易》云：异以行权。权，反经而合义者也。故君子行权贵于合义，小人用之则为诈谲。孔子曰：可与立，未可与权，信矣。故老君前章云执大象，斯谓之实。此章继以歙敛，是谓之权。考量众生根性，故以权实覆却相服，令必致于性命之域。而惑者乃云非道德之意，何其迷而不悟哉。故将欲歙敌众生情欲，则先开张，极其侈心，令

自困于爱欲，则当歙敛矣。强弱等义，略与此同。此道甚微，而效则明着，故云是谓微明。本句意思是说圣人教化人，用权道以摄化众生，人既有钝根利根，教化亦有权有实。圣人必先顺应对方的根机，利用对方喜欢张、强、兴、得之特性，诱导对方归于大道之特性。故将歌歙敛其情欲者，则先开张，使对方的奢侈之心达到一定的极限，令自困于爱欲，物极必反，最后即当自歙敛。强弱等义，是说先使对方强大到一定程度，纵其刚强之志，柔弱生之徒，刚强死之徒，如果对方不懂阴阳消长之理 ，一直膨胀，必致祸患而自弱；将欲废之，必固兴之，欲衰而更盛，物极而自反。将欲取之，必固与之，是说欲夺其恶，使其改邪归正，必先顺应对方的贪欲，而与之喜欢的东西，最终恶行不除，恶积灭身，临时自悟。是谓微明。故《素书》中云："盛衰有道，成败有数，治乱有势，去就有理。"圣人之权道，初看好像圣人并未施教，究理则极有潜资，微妙分明，历然有益。所以说圣人用心若镜，用心良苦，心心念念利益他人，不得已时用权变之道，玄机微妙，隐秘难明之智慧，君子行之纯是一派天然仁慈，而小人用之却会流于诡诈。

第二，校量权与实，明实智胜于权变之智。

柔弱胜刚强。

御注：巽可以行权，权行即能制物，故知柔弱者必胜于刚强。御疏：《易》云：巽以行权，欲明巽顺谦卑，则可以行于权道。故欲翕歙，先与之张；欲弱，先与之强，卒令其歙弱者，是柔弱之道能制胜于刚强。故云柔弱胜刚强。此句意思是说柔弱之道能胜于刚强，即用权变可以使难以教化之人归于正道，最终能使教化成功。

第三，举发明权变之智不可示于非人。

鱼不可脱于渊，国之利器，不可以示人。

御注：脱，失也。利器，权道也。此言权道不可以示非其人，故举喻云：鱼若失泉，则为人所擒，权道示非其人，则当窃以为诈谲矣。御疏：脱，失也。利器，权道也。夫鱼之在水，犹主之秉权。鱼之失水，犹主之失权，则为人所擒。权道假示非其人，则窃弄而为诈谲也。这句话的意思是说权变之道不可以示于非人，否则被别有用心的人利用，就会有危险的事发生，就好比鱼离开了水一样危险。鱼在水里才会安全，权隐于心中才会不被非人所害，否则，被非人利用，发心自私自利，难免会阴险诡诈，徇私舞弊，相诈逞狂，贬正败贤，祸国殃民。历史上这种例子很多，如历史小说中的潘仁美为了荣华富贵，利用皇帝的爱美之心，把女儿献于皇帝(将欲取之，必固与之)，最终，因为贪图荣华富贵而迫害杨家将，这种小人用心与圣人相比有天壤之别。

3.《微明》诗

权隐于心妙难明，随机应物化众生。

无所执滞能变通，顺物自然施巧功。

第三十七章 为政

真传之言

道常无为而无不为，侯王若能守之，万物将自化，化而欲作，吾将镇之以无名之朴。无名之朴，亦将不欲，不欲以静，天下将自正。

真传释义：

1. 圣人人格：圣人清静无为，纯真朴素，没有执着之心。

2. 内涵解析：本章是阐述圣人体会大道的结束语言。其有两层意思：第一，结道宗虽然光明寂然而实际常妙动。第二，结学人当明机心息则心定，而天下自正。对无名之朴，也是可用而不可执，况有名乎。

第一，结道宗虽然光明寂然而实际常妙动。

夫无为妙道，高谢随迎，在古非长，处幽何昧，昭昭大德含生，日用而不知，寂寂玄根，品物雷同而谁辨。虽谓玄默而无不为，诲彼凡生，方知道力也。

道常无为而无不为，侯王若能守之，万物将自化。

御注：妙本清静，故常无为。物恃以生，而无不为，则万物自化，君之无为，而民淳朴矣。本句意思是说大道无为而无不为，圣人与道合一，自然也是无为而无不为。道性清净湛然，常无为，万物依赖大道而生成，有感必应，感应道交，不可思议，故无不为也。凡是有为，则必有所不为。所以真正的无为，则可以顺其自然而无所不为矣。侯王若能守道清静，没有私心杂念达于无为无事之心境，则自然能顺物自然规律而为，万物也将自感化而归于淳朴，各有条有理自然生长发展。

第二，结学人当明机心息则心定，而天下自正。对无名之朴，也是可用而不可执，况有名乎。

化而欲作，吾将镇之以无名之朴。无名之朴，亦将不欲。

御注：言人既从君上之化，以无为清净，而复欲动作有为者，吾将无名之朴而镇静之。无名之朴者，道也。本句的意思是说万物顺化过程中，有想投机取巧，欺诈伪饰者、不正之欲、逞狂作怪者，不必要采取任何其他的办法，仍以清静、无为、真诚、自然、浑全未破的无名之朴而镇住它。

不欲以静，天下将自正。

御注：言人君既以无名之朴镇静苍生，不可执此无名而令有迹，将恐寻迹丧本，复入有为，故于此无名之朴，亦将兼忘，不欲于欲，无欲亦忘，泊然清净，而天下自正矣。本句意思是说若欲朴之心，亦是欲心没有消除干净。应当进一步，连无名之朴都不执着，无名之朴以镇静苍生欲心，苍生欲心既除，圣人无名亦拾。无名之朴可用而不可执，况有名乎。这就好比用药以理病，病痊愈了自然忘掉药而不再服用；舟以济水，济而遗舟。若水已济而仍守舟，病已除而复尝药，不但达不到彼岸目的地，亦复更生祸患累赘。

3.《为政》

清静无为圣老君，苦口婆心劝世人。

但息机心归于朴，太平有象善无痕。

又：感恩老师诗

懵懂无知已经年，幸得恩师教无倦。

有形无形来度化，浩浩恩德言无诠。

农历辛丑年三月初一夜子时 23:17 完成道篇

第三十八章　论德

真传之言：

上德不德，是以有德；下德不失德，是以无德，上德无为而无以为，下德为之而有以为。上仁为之而无以为；上义为之而有以为。上礼为之而莫之应，则攘臂而扔之。故失道而后德，失德而后仁，失仁而后义，失义而后礼。夫礼者，忠信之薄而乱之首也。前识者，道之华而愚之始也。是以大丈夫处其厚，不处其薄，居其实，不居其华，故去彼取此。

真传释义：

1. 圣人人格：圣人具上德，尊道贵德，明晰道、德、仁、义、礼的关系、应用时机及地位。

2. 内涵解析：此章是《道德经》下篇的首章。上篇开宗称“道”，下篇起首明“德”。“德”继之于“道”。“道”有“常道”“可道”之分；“德”有“上德”“下德”之别。“道”的十大特征，“上德”全部具备。“上德”的特征，就是“道”的特征。“道”和“上德”的基本特征是“无”，用图表示，即是“O”。这一“O”无所不在，无所不含，无限圆满，至善至美，是至高无上的本体。而上德用图表示即为⊙。“德”源于“道”，通于“道”，其体性特征亦同于“道”。此种特性应之于人，则为“上德”之人。上经明道，下经辨德，上经亦具明道德，但以道为正，以德为傍，下经亦具明道德，然以道为傍，以德为正。据傍正为论，故有《道德经》上下。道德经一卷共计四十四章，本章第一，谈了上德之圣人的特点、下德与上德的不同。第二，辨别了仁、义、礼之德，明世异而德有醇厚与浇薄之别。第三，谈了“道”“德”“仁”“义”“礼”五者的关系、应用时机及其地位；明去本之末，劝尊崇道德。第四，斥礼为虚浮虚伪的开始，明示了为人处世的取舍方向。

第一，谈了上德之圣人的特点、下德与上德的不同。

道尊德贵，无为而为，同乐自得之场，不矜名声，无善夸伐，合天地之清，镇齐日月之贞明。玄之又玄，在物能知，行身不费，谦卑而光，自然合乎仁义礼智信，可谓上德不德。

上德不德，是以有德。

御注：上德不德，是以有德，下德不失德，是以无德。德者道之用也，《庄子》曰：物得以生谓之德，时有淳醨，故德有上下。上古淳朴，德用不彰，无德可称，故云不德。而淳德不散，无为化清，故云是以有德。逮德下衰，功用稍着，心虽体道，迹涉有为，执德可称，故云不失。迹涉矜有，比上为粗，故云是以无德尔。河上公曰：上德不德，上德谓太古无名号之君，德大强名，故言上德。不德者，言其不以德教民，因循自然，养人性命，其德不见，故言不德。是以有德，言其德合于天地，和气流行，民得以全也。荣曰：明古之皇道，宅太虚以为心，凝至一而为体，不言均天地之化，无事成万物之功，未规揖让之名，岂有干戈之争，虽复处宗极，而乃非争非名，无为自然，故云上德。为而不恃，成功不居，故云不德。畜养万物，物得以成，故云有德。内明德与道合，厥义可尊，故云上德。道既无象，德亦虚玄，韬光藏用，故云不得。虽藏于用，无用之用用矣，乃韬于光，不耀之光光矣。有用有光，济人济物，故云是以有德。此处引用颇多，可以看出上德不德之义，实乃是说上德之圣人的特性就是得道之圣人的特性。“德”源于“道”，通于“道”，其体性特征亦同于“道”。“道”无形无象，含藏而不显露，空虚而无迹象，却无所不有，无所不在，无所不为，无所不成。生育天地，运行日月，长养万物，却不自恃、自彰。此种特性应之于人，则为“上德”。“上德”和“常道”一样，是内在的、实质的、无形的、自然的，而不是外在的、表面的、形式上的东西。因而，无形的“道”是大“道”，无形的内在之“德”是“上德”。这种非形式主义的“德”好像无“德”，其实是真正的大“德”“上德”。上德之人，妙契道境，境智冥会，得失兼忘。得失兼忘，没有执着之心，故言不德。

下德不失德，是以无德。

御疏：此言淳风渐散，德亦下衰。故圣人美无为之风，而百姓尚无为之迹，尚述为劣，故云下德。迹着则有德可称，故云不失。德称不失，迹涉矜有。矜有之弊，淳朴不全，故云是以无德。显而易见，此句意思是说以德为德，以功为功，而且恃德伐功，一落痕迹，执着于自己有德，不能得兔忘蹄，对所做之事封执在心，执者失之，不及无为，故云是以无德。只有内明体同虚寂者，才是上德，而事有纷累者，萦挂于心，是下德，反倒没有德。

上德无为而无以为，下德为之而有以为。

御注：知无为而无为者，非至也。无以无为而无为者，至矣。故上德之无为，非徇无为之美，但含孕淳朴，适自无为，故云而无以为，此心迹俱无为。此句意谓上德无为，取法道之安静，“无为”不是有意的，而是自然的，迹用虚妙，此明无为而为，为即无为也。

虽为之，也恰如“羚羊挂角，无迹可寻”。此谓“上德无为而无以为”。“下德”的有为不是无意的、自然的，而是故意的、有心的、非自然的。此谓“下德为之而有以为”。

第二，辨别了仁、义、礼之德，明世异而德有醇厚与浇薄之别。

上仁为之而无以为。

御疏：此下明道废则仁义遂行，言上仁者谓以仁为上，他皆仿此。仁者兼爱之名也，大道之行，物无私惠，淳风渐散，兼爱遂存，今明所以为兼爱之仁，故云上仁为之，行仁而忘仁，虽云施不求报，兼爱即难普，终是小惠未孚，是以语心常为有事，故云为之。论进即近无为，故云而无以为。故注云此则心有为而迹无为也。河上公曰：上仁为之，上仁谓行仁之君，其仁无上，故言上丰也。为之者，为仁恩也。而无以为，功成事立，无以执为。这句话的意思是说真正仁慈是有心孕育万物，故言为之。但是仁慈地对待万物却不责恩报，不求回报，所以说虽然做了利益万物之事，心里却没有执着我利益万物了，所以说无以为。

上义为之而有以为。

河上公曰：上义为之，为义以断割也。而有以为，动作以为己，杀人以成威，赋下以自奉。这句话的意思是说心里有了标准，觉得什么是合适的，什么是不合时宜的，对于不认可的，就会按照自己认为的标准止恶裁非，断割令得其宜，故云而有以为，此则心迹俱都落于有为之境。现实生活中，常人往往如此，有我执，就用我自认为或者自己接受的标准来衡量当下的人、事、物。

上礼为之而莫之应，则攘臂而扔之。

御注：六纪不和，则为礼以救，故云为之。礼尚往来，不来非礼，行礼于彼，而彼不应，则攘臂而怒尔。《庄子》曰：以礼为翼，所以行于世也。夫制礼者，所以救衰弊也。故礼经三百，威仪三千，曲为之防，事为之制，淳源一失，众务争驰，且在检外之迹，非曰由中之数，故揖让崇其礼文，玉帛昭其报施，往而不来，非礼；来而不往，亦非礼。今上礼为之，往而莫应，则攘臂而怒，以相仍引，故云攘臂而扔之。意谓用上等的礼仪，如礼仪制度威仪等，而发自内心的忠信行为很少，没有人回应，就伸出胳膊来使人强从。至道冲寂，大象无形，今乃贱素贵华，重文轻质，不崇忘淡，唯尚威仪，虽为渐教法门，而未能与理相应，非但内乖于道，外亦不能应物，故言为之而莫之应。则攘臂而扔之，扔，因也。礼尚往来，更相责望，因其礼薄，即攘臂怒之，欲明上礼为教之弊，故《庄子》云：鲁酒薄，邓郸围，即其事也。

第三，谈了“道”“德”“仁”“义”“礼”五者的关系、应用时机及其地位；明去本之末，劝尊崇道德。

故失道而后德，失德而后仁，失仁而后义，失义而后礼。

御注：失道者，失上德也，上德合道，故云失道。夫道德仁义者，时俗夷险之名也，故云道衰而德见，德失仁存，仁亡义立，义丧而礼救，斯皆适时之用尔。故论礼于淳朴之代，非狂则悖，忘礼于浇漓之日，非愚则诬。若能改而更张者，当退礼而行义，退义而行仁，退仁而行德，忘德而合道，人反淳朴，则上德之无以为。“夫道、德、仁、义、礼五者一体也。夫欲为人之本者，不可无一焉！”此言“道”“德”“仁”“义”“礼”五者的关系是根干与枝叶的关系。“道”是主体，“德”是作用，“仁”“义”“礼”是主体的作用的表现形式。如失去了“道”（主体）而再去讲“德”（作用），相似失去了车马而论引重致远，是为空谈。失去德，仁恩继之，失去了仁，义德方起，再如失去了主体之作用而去讲主体之作用的表现形式，犹如树木根干已毁再求枝叶丰茂，岂非妄言！尤其讲到表现形式“礼”的时候“道德”基础已无、忠信已薄，祸乱由此而始，故曰：“而乱之首。”

第四，斥礼为虚浮虚伪的开始，明示了为人处世的取舍方向。

夫礼者，忠信之薄而乱之首也。

御注：夫者，发语之端也。言末代圣人所以行于礼教者，由救忠信之衰薄尔。若使人怀忠信，复奚假于礼法乎。而乱之首者，以礼防乱，则但可为理乱之首尔，而非道德之正也。此句意思是说礼仪的约束来自忠信的浇薄，贱质贵文，转增邪乱，是使人混乱的根源。

前识者，道之华而愚之始也。

御注：识者，人之性识也，谓在人性识之前，而制此检外之礼，虽欲应时，实丧淳朴，故云道之华。礼以救乱，所贵同和，而失礼意者，则将矜其玉帛，贵其拜跪，如此之人，愚昧之始。此句意思是说制礼之人，图在外在礼仪行迹上做文章，不由中正之性，唯务形外之饰，敬爱不足，币礼帛有余，非达观所存，确确实实是愚昧的开始呀。

是以大丈夫处其厚，不处其薄，居其实，不居其华。

御注：有为者，道之薄。礼义者，德之华。故圣人处无为之事，处其厚也，不处其薄矣。退礼义之行，不居其华也，自居其实矣。此句的意思是说散朴以为器，原其始也至淳，失道而后德，要其终也浇薄。是以仁非本性，义异自然，信不由衷，礼饰于外，是非战争奸巧纷纭，父子失慈孝之心，君臣乖忠义之道，于是大圣老子悲悯世人，举大丈夫经国理家，修身立行，必须取此道德之厚实，去彼仁义之华薄，捐去俗礼，归于真道。

故去彼取此。

御注：去彼华薄，取此淳厚。御疏：彼谓礼义也，此谓道德也，圣人去礼义之浮华，取道德之厚实，故云去彼取此。确论圣人百虑归一，二际俱泯，岂有彼此，而去取耶？设教引凡托言之尔。此句意思是说真正的进德修道之人，应该取此实在厚道，返璞还淳。而且上德圣人体无分别，岂有心于彼此。盖明不去而去，虽去不去，不取而取，虽取不取，非去之而去，非取之而取者也。去取既尔，彼此亦然也。圣人为教化世人，而立彼此之名。

3.《论德》诗

道德仁义礼节全，实是根干枝叶连。

捐去华薄归上德，淳朴厚实道德传。

第三十九章　法本

真传之言：

昔之得一者，天得一以清，地得一以宁，神得一以灵，谷得一以盈，万物得一以生，侯王得一以为天下正，其致之一也。天无以清，将恐裂；地无以宁，将恐发，神无以灵，将恐歇；谷无以盈，将恐竭；万物无以生，将恐灭；侯王无以贵高，将恐蹶。故贵以贱为本，高以下为基。是以侯王自谓孤、寡、不谷，此其以贱为本耶？非乎！故致数舆无舆。故至誉无誉，是故不欲琭琭如玉，珞珞如石。

真传释义：

1. 圣人人格：圣人重根本，得一，阴阳平衡，和谐统一。

2. 内涵解析：上章正广明德义，本章有三层意思：第一，说明万事万物得一的利益；第二，说明失一的弊端与害处，真一之道不可失也；第三，明道谦虚，譬喻侯王地位虽高，要保有地位必须以道为根本，不能自高自大。

第一，说明万事万物得一的利益。

夫一炁初分，天地标二仪之大，三才肇位，王侯称万国之尊。

昔之得一者。

御注：一者，道之和，谓冲气也。以其妙用在物为一，故谓之　尔。本句的关键字“一”字的解释大多解释为“先天一炁”“冲和之气”“元气”（一，元气也，未分无二，故言一也）。也有解释为“道”的，《易·系》曰：一阴一阳之谓道。任法融道长的解释是“未有天地万物之前的混沌之初，是为先天的混元一炁，无上无下，无左无右，无大无小，无贵无贱，是谓混然一体，此谓‘一’”。也有把“一”解释为太极的。那么此处“一”笔者认为就是阴阳平衡、和谐统一的“道气”，也可称为“先天一炁”。本句意谓往古得到先天一炁。

天得一以清。

成疏：禀得道熙，积阳成天，清浮在上。本句意谓因天得此“一”，故有日月星辰之运转，春夏秋冬之交替，风云雨雷之兴作。天道运行，万类自化，始终处于和谐有序状态，一派清明之景，毫无混乱之象。此谓“天得一以清”。

地得一以宁。

成疏：同禀一道，故凝阴成地，宁静于下。大地得此先天一气，平稳安宁，厚德载物，滋生万物。

神得一以灵。

御疏：神者，妙万物以为言，由得一故，故能通变无方，不可形诘。《庄子》云：神鬼神帝，生天生地。《周易》曰：“神也者，妙万物而为言者也。”又曰：“阴阳不测之谓神。”此“神”指阴阳二气的功能及妙用。阴阳二气交感，达到平衡与统一是谓混元一炁。这句话的意思是说人之神得一而为万物之灵。

谷得一以盈。

成疏：谷，川谷也。言谷得一，故能泉源流润，溪壑盈满。意谓川谷得一，水自流来自然充盈。

万物得一以生。

成疏：有识无情，通号万物，同禀一道，故得生成。万物依赖一炁而得以生长。

侯王得一以为天下正。

御注：侯王得一以为天下正，其致之，物得道用，因用立名，道存名立，用失而实丧矣。故天清地宁，神灵谷盈，皆资妙用以政尔，故云其致之云尔也。御疏：侯王，人主也，侯者五等之爵，王者万乘之主，言侯王得一，故能永有天下，无思不服，而为天下正平也。正有作贞字者，贞即正也。意谓侯王得一，所以能为天下平正。

其致之一也。

御疏：此总释前义而生后文。致，得也，言天之清澄，地之宁静，神之灵变，谷之盈满，物之生成，侯王之正平者，何以致其然耶？皆得道之妙用尔。此明得道之为益。下文诫失道之为损。此句的意思是说天之所以清澄，地之所以宁静，神之所以灵变，谷之所以盈满，物之所以生成，侯王之所以正平者，是因为得到了先天一炁的缘故。

第二，说明失一的弊端与害处，真一之道不可失也。

天无以清，将恐裂。

成疏：以，用也。无，不也。裂，坏也。言天不能用道清虚，则日月勃蚀，星辰失度，灾变屡彰，恐当圻裂。这句话的意思是说天如果不能得此道炁恐怕会不能成象而圻裂。

地无以宁，将恐发。

御疏：言地得道用，而政宁静，当须忘其宁静，若矜用其宁静，将恐至于发泄不成形也。这句话的意思是说地球如果不能用道之宁静，那么恐怕有崩塌沦陷之灾害发生。

神无以灵，将恐歇。

御疏：言神得道用，而能灵变无方，当须忘其精灵，若矜用其灵，将恐之于歇绝，不妙用也。人之神如果失去道炁将会失去其妙用，而不再灵验。

谷无以盈，将恐竭。

成疏：竭，塞也。言川谷乖一，灾否斯起，致泉源枯竭，流注不通也。这句话是说川谷失去一炁将不再盈满而导致枯竭。

万物无以生，将恐灭。

成疏：一切万物得一而生，若丧道乖真，则死灭俄顷。此句话是说万物失去一炁将会灭亡。

侯王无以贵高，将恐蹶。

成疏：蹶，败也。君王不能用道守贵，而乖理悖德，将恐神器颠覆，社稷倾危，夏桀殷纣，即其人也。

此句话的意思是说侯王如果失去一炁，将会失去高贵的地位而一蹶不振，社稷倾危。

第三，明道谦虚，譬喻侯王地位虽高，要保有地位必须以道为根本，不能自高自大。

故贵以贱为本，高以下为基。

御注：侯王高贵，兆民贱下，为国者以人为本基，当劳谦以聚人，令乐其恺悌之化，不有离散。这句话的意思是说高贵是以贱下为基础的，所以《书》亦曰：民惟邦本，本固邦宁，人君务谦聚人，可谓固邦之本也。注云令乐其恺悌之化者，《诗》云：恺悌君子，人之父母。

是以侯王自谓孤、寡、不谷，此其以贱为本耶？非乎！

御注：孤寡不谷，凡情所恶，侯王自称，以谦为本。非乎者，明是以贱为本尔。这句话的意思是说王侯贵人智慧聪达，如果放纵自己傲慢不羁，是丧身之本，谦虚为贵盛之基础，所以故能谦虚对待百姓臣下，以谦卑自牧，乃称孤寡不谷。这不正是“贵以贱为本”吗？侯王以贵高之身份这样做，显而易见，是为了达到平衡而符合于道。

故致数舆无舆。

御注：数舆则无舆，轮辕为舆本，数贵测无贵，贱下为贵本。辕为舆本，当专輈以定舆，贱为贵本，当守贱以安贵。将戒侯王，以贱为本，放致数舆之谈耳。本句比喻侯王不以尊号为名，谦虚低下，故能成其贵也。此句意谓这和造车的道理一样。车未造成时，各种零件乱七八糟，各自分立，自以为是，而在车造成后，各种零件则同合于一车之中，共同起着运载的功能，其零件的长短、大小、高低、贵贱等差别全部消失于此车之中。

是故不欲琭琭如玉，珞珞如石。

御注：琭琭，玉貌，珞珞，石貌。以贱为本。此句话意思是说美玉本来是珍贵的，石头本来是粗贱的。侯王宁愿不做受人称羡的美玉，宁愿做不受人重视的石头。表示侯王守谦卑之道。

3.《法本》诗

效法道之虚无性，一炁生出川谷盈。

谦卑自牧守德一，天地神王皆称情。

第四十章　去用

真传之言：

反者道之动，弱者道之用，天下万物生于有，有生于无。

真传释义：

1. 圣人人格：圣人返本还元，柔弱清净。

2. 内涵解析：上章正明得一之人，谦虚用道，本章有三层意思：第一，明天下万物顺应道的运行规律，最终皆返本还元；第二，明柔弱为无用之用，乃道用；第三，明两仪万象，从道而生。

第一，明天下万物顺应道的运行规律，最终皆返本还元。

反者道之动。

河上公曰：返本也，道之所以动生万物，背之则亡也。反，还也。本句的意思是说道的运行规律使天下万事万物皆返本还元，“夫物芸芸，各归其根”。

第二，明柔弱为无用之用，乃道用。

弱者道之用。

御注：此明实也。弱者取其柔弱雌静，柔弱雌静者，是圣人处实。处实者，是道之常用，故云弱者道之用。此句的意思是说道生万物，道以和柔而胜刚，以柔弱为用，柔弱才有无限的生机，乃道之化用。

第三，明两仪万象，从道而生。

天下万物生于有，有生于无。

河上公曰：天下万物生于有，天下万物皆从天地生，天地有形位，故言生于有也。有生于无，天地神明，蜎飞蠕动，皆从道生，道无形象，故言生于无也。此言本胜于华，弱胜于强，谦虚胜盈满也。此句的意思是说天地有形，可以称之为有，天覆地载，物得以生，故言生于有。而道乃虚

无大道，非形象，其理是道本来清虚无形，但是生出有形质的天地万物，所以称之为有生于无。

3.《去用》诗

返本还元归道零，柔弱清净道之用。

不着万象境界中，皆因堪破太虚空。

第四十一章　同异

真传之言：

上士闻道，勤而行之。中士闻道，若存若亡。下士闻道，大笑之，不笑不足以为道。故建言有之：明道若昧，进道若退，夷道若类，上德若谷，大白若辱，广德若不足，建德若偷，质真若渝。大方无隅，大器晚成，大音希声，大象无形，道隐无名。夫唯道，善贷且成。

真传释义：

1. 圣人人格：圣人志与道合，谦卑自牧，纯素贞白，和光同尘。

2. 内涵解析：前章明应道虚玄，本迹俱妙，本章明上士、中士、下士的区别。本章有三层意思：第一，明道设三科，人察万品，故上士、中士、下士闻道后有不同表现；第二，明辨体道之人，韬光养晦；第三，说明道的功能“善贷且成”。

第一，明道设三科，人察万品，故上士、中士、下士闻道后有不同表现。

上士闻道，勤而行之。

河上公曰：上士闻道，动苦竭力而行也。意谓上根利器之人，智慧聪达，志与道合，对大道一有所闻，便身体而力行之。比如颜子闻者未尝不明白，明白了没有不照着去做的。所以颜回能成为七十二贤之中唯一可称为“仁者”的人，孔子也曾说“朝闻道夕死可也”。知之未尝不行。故曰上士闻道，勤而行之。

中士闻道，若存若亡。

河上公曰：中士闻道，治身以长存，治国以太平，欣然而存之，退见财色荣誉，或于情欲，而复亡之也。意谓中等根机的人，因为素来没有恒心和毅力，所以会经常摇摆不定。听说真道可以修身齐家治国平天下，以道存身可以安邦定国，则存道而忘俗；但是一经受考验，见财色悦性娱情，即被境界所转，而存俗忘道了。所以谓中士若行若止，顾虑重重，摇摆不定。

下士闻道，大笑之。

河上公曰：下士贪狠多欲，见道柔弱，谓之恐惧，见道质朴，谓之鄙陋，故大而笑之也。《庄子》云：曲士不可以语于道尔；又云：夏虫不可语于冰也。意谓下等根机的人，贪婪心狠多欲，迷于世情得失之间，其天性全被七情六欲、机智巧诈而蒙蔽，不知进道修德，只想贪享世味，追逐名利，其心其行，背道而驰。听闻真道玄远，至言宏博，心里既不悟，认为道超出常情、荒诞不经，遂生诽谤，哈哈大笑。

不笑不足以为道。

御注：不为下士所笑，不足以为玄妙至道。御疏：至道幽玄，深不可识，明而若昧，理反常情，所以大笑。若不为下士所笑，未曰精微，乃是浅俗之法，不足以为道。以道非世间法，故为凡愚所笑，是以为妙道也。河上公曰：不为下士所笑，不足以为道。荣曰：道深甚奥，下士之所难知，微妙玄通，下愚故非易识。今笑之，不能令真使混浊，适足彰道之清远也。意谓老子所讲乃圣人之大道，幽深玄远，精微奥妙，如果不被这般下愚之人嗤笑，就不足以显示道的妙不可言了。

故建言有之。

御疏：建，立也。将立言以释上士勤行之道，中士存亡之致，下士所笑之由。有之者，指下明道等也。河上公曰：建，设也。道设言已有道，当如下句。成疏：建，立也，言上士所行之道，建在下文。即明道等文是也。意谓关于上士闻“道”的勤行、中士若存若亡、下士大笑，在此立言以明示。

第二，明辨体道之人，韬光养晦。

明道若昧。

御注：明道若昧，进道若退，夷道若类，上士动行，于明若昧，于进若退，于夷若类，故中士疑之而下士大笑尔。御疏：明，照了也。昧，昏暗也。谓道德修行之人，以昧养明，遗形去智，而实明了，故云若昧。言上士勤行，于明若昧，下士不达，是以笑之。中士初闻明道，故若存，后闻如昧，故若忘尔。意谓照达真常大道的上士，不露锋芒，含藏内敛，不尚机智，庸庸愚愚，不显其明，好似凡俗一样昏昧不明。

进道若退。

御疏：进道之人，内心不起，外事都忘，功名日损，大成若缺，下士观之，似如退败。意谓进取于道的上士，暗里下功夫，功名利禄皆忘，下士观之，好像在不思进取而退步一样。其实不知进道之人“看似退步却向前”。

夷道若类。

河上公曰：夷，平也，大道之人不自殊别，若多比类也。荣曰：缅平一等，夷道也，和光同尘，若类也。意谓进“道”之人，深知齐物之旨，和光同尘，言行举止，平常自然，与众生同处，而丝毫不出风头，无异常人。

上德若谷。

御疏：言勤行之士谓之上德，德用光备，则无不含容，故云若谷。意谓圣人是上德，如空谷一样而能心包天地万物，德无不容，如海纳百川。

大白若辱。

御注：纯洁而含垢也。御疏：白，纯净也。辱，尘垢也。得纯净之道者，晦迹同尘，故称若辱，而实纯白，独全备尔。意谓圣人心地纯素贞白，一尘不染，但是能纳污含垢，不彰显自己，似同凡庸之人一样。

广德若不足。

御注：大成而执谦也。《史记》曰：良贾深藏若虚，君子盛德，容貌若愚。《老子传》云：良贾深藏若虚，大德容貌若愚。意谓德行广大之人，谦虚谨慎，有大德的人，谦虚自慎，而且常常感到自己的德行不够深厚。

建德若偷。

御注：立功而不炫也。意谓圣人潜行密用，建立大德，却藏名隐迹，就像做了偷窃之事一样不想让别人知道。

质真若渝。

御注：淳一而和光也。御疏：真，淳一也。渝，变改也。本句意谓有道有德行之圣人，其德淳一，真常应物，权变无方，变化无穷，无可无不

可。太史公曰：道家使人精神专一，动合无形，赡足万物。其为术也，因阴阳之大顺，采儒墨之善，撮名法之要，与时迁移，应物变化，立俗施事，无所不宜，指约而易操，事少而功多。可谓随机应变，无所不宜。与此意相同。

大方无隅。

御注：不小立圭角也。此句意谓体道大智方雅之圣人，坦然大公，堂堂正正，却因循顺物，无棱无角，不伤害他人。

大器晚成。

御注：且无近功。御疏：备物之用曰器，以晚故能成大，是以上士勤行，积功而证，得之于渐，非一朝一夕，故曰晚成。此句意谓成大器的人，好像九鼎瑚琏，不能急速造就，而要经受长期磨炼，深畜厚养，藏器于身，待时而动。如直钩钓鱼的姜子牙直至八十余岁才辅佐文王灭纣兴周，大展宏图，功勋卓著。

大音希声。

成疏：希，犹无也。至道大音，寂乎无声，自本降迹而声无声也。故师旷听之而不闻，琼音震乎宇宙，欲明即迹即本，故言大音希声也。意谓大“道”“听之不闻”，因而，最大的声音是无声之声，谓之“希声”。

大象无形。

御疏：夫涉形器者，则滞于一方矣，唯大象之道，本无形质，随感而应，能状众形，故曰大象无形。意谓“道”体至虚，没有形象可见，而又从不离万象，因而，最大的物象是无形之象。

道隐无名。

御注：不彰功用。河上公曰：道潜隐，使人无能指名也。真常之道的形象始终处于幽隐窈冥的隐态，隐含在天地万物之内，不可见不可闻，也无法用器具测量，无可名状。现在想来圣哲老子高深莫测、广大难测者，以其有大道也。

第三，说明道的功能“善贷且成。”

夫唯道，善贷且成。

御注：虽隐无名氏，而实善以冲和妙用资贷万物，且成熟之。本句总结了道的功用：虽然道无名无形无声，却能布气施化，贷施万物，并且无一遗漏地成就万物。

2.《同异》诗

上士之道异常俗，暗里结珠内修行。

虽能施化成万物，不彰功用隐无名。

第四十二章　道化

真传之言：

道生一，一生二，二生三，三生万物。万物负阴而抱阳，冲气以为和。人之所恶，唯孤、寡、不谷，而王公以为称，故物或损之而益，或益之而损。人之所教，我亦教之，强梁者不得其死，吾将以为教父。

真传释义：

1. 圣人人格：圣人以道为怀，以谦自处。

2. 内涵解析：前章明大道权应，善贷生成；本章明所生之物，均有次第。本章有两层意思：第一，明权道应化，万物生成次第；第二，教人以日损其欲，谦虚自守，柔弱为用，以全冲和之德。

第一，明权道应化，万物生成次第。

道生一，一生二，二生三，三生万物。

御注：道生一，一生二，二生三，一者冲气也，言道出冲和妙气，于生物之理未足，又生阳气，阳气不能倡尸生，又生阴气，积冲气之一，故云一生二。积阳气之二，故云二生三尔。三生万物，阴阳含孕，冲气调和，然后生成，故云三生万物。本章意谓道生出了元炁，元炁变生阴阳二气，二气合和生出中合之气，阴、阳、和三气生出自然万物。这是中国道家学派的宇宙起源论，指出三气由虚空生出，万物由三气生出。

第二，教人以日损其欲，谦虚自守，柔弱为用，以全冲和之德。

万物负阴而抱阳，冲气以为和。

御注：万物得阴阳冲气生成之故，故负抱阴阳，含养冲气，以为柔和。意谓孤阴不生，独阳不长，万物所以生出发展，皆因道冲阴阳合而有柔和之气。

人之所恶，唯孤、寡、不谷，而王公以为称。

河上公曰：孤寡不谷者，不祥之名，而王公以为称者，处谦卑，法空虚和柔也。意谓人都厌恶孤寡不谷之名，但王公却以贱名自称。劝谦之意明矣。

故物或损之而益，或益之而损。

御注：自损者，人益之。自益者，人损之。故朝宗者善于下，谦弱者德之柄，孤寡为称，不亦宜乎。此句意谓事物常以谦下损己而得到利益，以尊贵利益自己反招祸患。为人谦下，则受益匪浅；高傲自大，必有损于己。《书》曰：满招损，谦受益。

人之所教，我亦教之。

御注：老君云：人君所欲立教教人者，当以吾柔弱谦虚之义以教之。此句意谓别人以此道理教化人们，教人戒骄戒躁，谦让居下，柔和忍辱，我也用这个道理教你们。

强梁者不得其死，吾将以为教父。

御注：强梁之人，动与物抗，求益而损，物或击之，故不得其死。御注：吾见强梁者亡，柔弱者全，故以此柔弱之教为众教之父。意谓刚暴蛮横之人不得养生之要而不能依天命寿终正寝；我将以此为借鉴，将此柔弱之教导作为教育别人的根本。

3.《道化》诗

圣哲追溯万物源，其名曰道曰本元。

道冲和气天地间，谦卑守柔万物全。

第四十三章　遍用

真传之言：

天下之至柔，驰骋天下之至坚，无有入于无间，吾是以知无为之有益，不言之教，无为之益，天下希及之。

真传释义：

1. 圣人人格：圣人柔弱为用，无为而为。

2. 内涵解析：前章明柔弱之教诲，为学道之先。本章说明柔弱的功用与无为的益处。本章有两层意思：第一，明柔胜刚，柔弱之行入于无间；第二，明无为不言的教诲是稀有难得的教诲。

第一，明柔胜刚，柔弱之行入于无间。

天下之至柔，驰骋天下之至坚。

严曰：道能驰骋经纶天地万物也。本句意谓天下最柔和的道炁，像水一样可以穿越天下最坚硬的物质。喻无为至弱，能破有为之累，故下文有云：天下柔弱，莫过于水，而攻坚强者，莫之能先。

无有入于无间。

河上公曰：夫无有谓道也，道无形质，故能出入无间，通神明，济群生。意谓若以虚空入有，则细无不入。遍入一切有形，即使非常微小的物质，也能进入。之所以无所不入，因为它是虚空的。

第二，明无为不言的教诲是稀有难得的教诲。

吾是以知无为之有益。

河上公曰：吾见道无为而万物自化成，是以知无为之有益于人也。意谓如果知道了虚无的有用，就足以知道了无为的益处。

不言之教，无为之益，天下希及之。

御注：言天下众教，少能及之者。意谓“道”不言而教，不令而从，无为自然，无形无象，然而，它的功能几乎是天下任何事物都不能企及的。

3.《遍用》诗

柔弱清净为道用，无为自然教众生。

听似无有感化声，实则高妙大道情。

第四十四章　立戒

真传之言：

名与身孰亲？身与货孰多？得与亡孰病？是故甚爱必大费，多藏必厚亡。知足不辱，知止不殆，可以长久。

真传释义：

1. 圣人人格：圣人知止知足，不贪不执。

2. 内涵解析：前章阐明柔弱为道之枢机，此章明知足舍贪，是修身之要点。本章有三层意思，第一，假借于三问，使人明鉴得失；第二，明耽着名闻利养，损智败身；第三，明知足知止的结果是免遭祸殃，寿尽天年。

第一，假借于三问，使人明鉴得失。

名与身孰亲？

御注：名者实之宾，代人徇名以亡身，设问谁亲，欲令去功与名，而全其真。意谓虚名和身家性命相比，哪个最亲？

身与货孰多？

御注：徇名者将以求财，财得而亡身，设问孰多，欲令掷玉毁珠，以全其和。意谓身家性命与财物哪个最贵重？《庄子》曰：盗跖死利于东陵之上。

得与亡孰病？

御注：问得名货与亡名货，孰者病其身也。意谓得到名利与失去名利相比，哪个算作是有病？

第二，明耽着名闻利养，损智败身。

是故甚爱必大费，多藏必厚亡。

御注：甚爱名者必劳神，非大费乎。多藏货者又累身，非厚亡乎。御疏：夫多藏贿于府库者，必有劫盗之息，非但丧失财物，亦乃害及己身，其为败亡，祸必深厚。故《书》云：匹夫无罪，怀璧其辜。意谓如果过分贪图名利，则劳人身心、耗人精气日多。不义之财积藏得越多，招祸身亡的危险性也就越大。

第三，明知足知止的结果是免遭祸殃，寿尽天年。

知足不辱，知止不殆，可以长久。

御注：知足者，不甚爱。知止者，不多藏。既无辱殆，故可长久。意谓知足掌握分寸，就不会受到物极必反的羞辱，适可而止，可以平安无事，保有性命的长久。

3.《立戒》诗

名誉钱财身外物，立言戒贪知止足。

如此安心修性命，不辱不殆见真如。

第四十五章　洪德

真传之言：

大成若缺，其用不弊，大盈若冲，其用不穷，大直若屈，大巧若拙，大辩若讷，躁胜寒，静胜热，清静为天下正。

真传释义：

1. 圣人人格：圣人清静无为，修道大成，大智若愚。

2. 内涵解析：前章举知足知止，本章显修道大成，以示清静之为天下正。本章有两层意思：第一，明辨五大，说明圣人为修学之人的学习榜样；第二，打比喻，彰明躁劣静胜，明示清静之功能。

第一，明辨五大，说明圣人为修学之人的学习榜样。

大成若缺，其用不弊。

御注：学行大成，常如玷缺，谦则受益，故其村用无弊时。意谓圣人修学到大成阶段，道圆德备，但能忘其成，无比谦虚，常常像玷缺一样，故能终日作用而却能做到无弊损。

大盈若冲，其用不穷。

御注：禄位盈满，常若冲虚，俭不伤财，故所用不穷。意谓道德大盈满之圣人，能忘记自己的盈满，所以虽盈满却能保持冲虚的状态而妙用无穷。

大直若屈。

御注：直而不肆，故若屈也。意谓圣人乃大直，非小直（夫洁己而垢人，举直而措枉，小直也），因为圣人法天制用，与道为一，端方正直，但却不执是以辨非，不正己而矫物，而能混迹同尘，委曲随物，好似屈折。

大巧若拙。

御注：巧者伤于分外，故若拙也。意谓圣人顺其自然，因物制宜，因材致用，顺任物性而能成功，不失其宜，大巧也。但是又无所裁割，不见其工巧的痕迹，好像非常的笨拙一样。《庄子》云“刻雕众形而不为巧”，是知工任小巧也。

大辩若讷。

御注：不饰小说，故若讷也。意谓圣人法天制用（天何言哉），故以不言之教，无为之化，不同世间口才捷利之人，而似说话很迟钝木讷一样。

第二，打比喻，彰明躁劣静胜，明示清静之功能。

躁胜寒，静胜热。

御疏：此举喻以示教也。意谓喻清静是长生的根本，而狂躁是死灭的根源，以此劝诫学人去躁归静。

清静为天下正。

成疏：清虚宁静，可以自利利他，以正治邪，故为天下正。此则结释静胜躁劣之义也。意谓清虚宁静可守自然无为之道，至体性圆满，中正不偏，可以说是天下的正道了。

3.《洪德》诗

修道大成似若缺，皆因虚妄守谦和。

更兼正道臻清静，实为学子真楷模。

第四十六章　俭欲

真传之言：

天下有道，却走马以粪，天下无道，戎马生于郊。罪莫大于可欲，祸莫大于不知足，咎莫大于欲得，故知足之足，常足矣。

真传释义

1. 圣人人格：圣人尊道贵德，清静无贪无欲，知足常乐。

2. 内涵解析：前章举静躁境界之不同，本章圣人垂训，对比有道无道之优劣不同，劝诫学人当知足。本章言虽短，但是有四层意思：第一，明有道者无为虚静；第二，明无道者，狂躁、贪求不止；第三，明显狂躁竞逐之心过咎；第四，劝诫学人当知足。

第一，明有道者无为虚静。

天下有道，却走马以粪。

御注：天下有道之主，无为化行，既不贪求，故无交战，屏却走马之事，人得粪理田园。本句意谓天下有道之君，以道修身理国，无为而治，宇内清夷，兵戈不起，所以屏却兵革走马之事，人得以以粪治理田园之事。

第二，明无道者，狂躁、贪求不止。

天下无道，戎马生于郊。

御注：天下无道之君，纵欲攻取，故兵戎士马寄生于郊境之上尔。意谓人主无道，战争不止，所以兵戎军马生育于郊境之上，长时间无法归于家园。（此句意思扩展：修之于身，其德乃真：如果以此句喻个人修身，则谓心中有道，正气流行，肢体滋润，发肤玄长，故却走马以粪之。心无道则生淫乱，戎马四走于郊，邪脉攻以害身，故曰戎马生于郊。同样的道理，如果以此句齐家，家有道，则家和睦；乡有道，则一乡和睦相亲爱；国有道，国泰民安；天下有道，天下太平。）

第三，明显狂躁竞逐之心过咎。

罪莫大于可欲。

御注：心见可欲，为罪大。御疏：犯法为罪，贪求为欲，言戎马生郊之罪，由人君贪求土地，见土地可欲，欲心兴动，将贪求，此罪之大者，故云罪莫大于可欲。意谓最大的罪过是贪求自己想得到的东西。

祸莫大于不知足。

御注：求取不已，为祸大也。意谓最大的祸患是贪恋自己想得到的东西而不知足。

咎莫大于欲得。

御注：殃咎之大，莫大于欲，必令皆得，则祸深故尔。意谓最大的殃咎是欲望贪心没有厌足。

此处，可欲，意谓欲望升起但是还没有得到，初起贪心，罪轻于祸；不知足者，意谓不知止足，得而更须再得，因此祸重于罪。莫甚于欲得者，谓已得，欲心尚无厌足，贪得无厌，则咎之为过，大于祸。

第四，劝诫学人当知足。

故知足之足，常足矣。

御注：物足者，非知足。心足者，乃知足也。心若知足，此足则常足矣。意谓只有具有知足之心的人，才会经常感到满足。现实生活中，很多人感慨人生活得太累，其实，很多人真的是贪心不足蛇吞象造成的。心常知足，自然无忧无累。

3.《俭欲》诗

贪得无厌殃咎现，背道而驰世道寒。

不如知足心悠然，天下安泰好种田。

第四十七章　鉴远

真传之言：

不出户，知天下，不窥牖，见天道。其出弥远，其知弥少。是以圣人不行而知，不见而名，不为而成。

真传释义：

1. 圣人人格：圣人立足本位，性真自足，反观内照，推己及人，能智周万物，无幽不鉴。

2. 内涵解析：前章明有道之人知足，无道者贪求；本章明有道者能虚照，明鉴天下事。

本章有三层意思：第一，明圣人私欲净尽，寂然不动而能通天下；第二，明凡人向外驰求，利令智昏，真心蒙昧而所知少；第三，重结虚照之圣人，寂而能动。

第一，明圣人私欲净尽，寂然不动而能通天下。

夫大圣不作，至人无心，产清浊之两形，何曾有物，鼓山河之二炁，不见神功。历众口而无言，坐虚心而自得，故不出户天下咸知，我之大圣，不出而见也。

不出户，知天下。

河上公曰：圣人不出户以知天下者，以己身知人身，以己家知人家，所以见天下也矣。意谓有“道”之人，视天下人之身，亦我之身，天下人之心，亦我之心；我之所恶，天下人亦必恶之，我之所好，天下人亦必好之。虽不出门，而反观我之身心，则天下人之身心尽知矣。

不窥牖，见天道。

河上公曰：天道与人道同，天人相通，精气相贯，人君清静，天气自正，人君多欲，天气烦浊，吉凶利害，皆由于己也。意谓横暴强梁，我之所厌而弃之；柔弱谦下，我之所爱而好之。强梁横暴者不得善终，柔弱谦下者必获吉庆。此乃自然之理。知此道理，不窥窗外，亦可知此乃天道矣。

第二，明凡人向外驰求，利令智昏，真心蒙昧而所知少。

其出弥远，其知弥少。

成疏：颠倒之夫，不能照理，其出心逐境，弥远而无厌，其知浅近，暗昧而少鉴。意谓大千世界，复杂万端，变幻无穷。若舍己而外索，追逐事物的外在之末，舍己求外，忘本逐末，则走得越远，懂得越少。

第三，重结虚照之圣人，寂而能动。

是以圣人不行而知，不见而名，不为而成。

“不行而知”，御注：不出户，故云不行，无为淳朴，而知为理之道。“不见而名”，御疏：此覆释不窥牖而见天道也。夫鹤鸣则子和，行感而天动，原小可以知大，审己可以知物，元吉所召，存乎其人，则太平之化可得而言尔，何必窥见然后名乎。故云不见而名。“不为而成。”御注：不为言教，而天下化成也。意谓圣人不必走得很远就可知道物我之情。《庄子》云：圣人不由心而照之乎。不必事事经历就可明晓物我之理，不必强作妄为就可达到成功。

3.《鉴远》诗

有为远行千里外，意动神驰少真知。

不如无为寂然照，明鉴天下是一指。

第四十八章　忘知

真传之言：

为学日益，为道日损，损之又损，以至于无为，无为而无不为矣。故取天下常以无事，及其有事，不足以取天下。

真传释义：

1. 圣人人格：圣人为道，无为而治。

2. 内涵解析：前章已经辨明了凡俗之心与圣人之心的不同。本章明在道与在俗两种学习方式的巨大损益之不同。本章有三层意思：第一，明为道与为学，损益有别；第二，辨损之又损，方能臻于无为之境；第三，明有事无事的不同结果。

第一，明为道与为学，损益有别。

为学日益，为道日损。

御注：为学者，日益见闻。为道者，日损功行。益见闻，为修学之渐，损功行，为悟道之门，是故因益以积功，忘功而体道矣。意谓做学问，旨在积累知识，日积月累，其知识量与日俱增，乃至渐渐博学多才。而为道则要损去躁动、繁杂、强梁、奢华等一切偏离于“道”的身心状态与行为活动。

第二，辨损之又损，方能臻于无为之境。

损之又损，以至于无为。

河上公曰：损之又损之，损情欲。又损之，所以渐去之也。以至于无为，当恬然如婴儿，无所造为也。意谓对于贪欲及诸多不良的心行与行为，包括其他一切起心动念要不断地反复去除，最终理冥真寂，达到无为的状态。

无为而无不为矣。

御注：绝德与道合，则无所不施，无所不为。意谓达到与道相合的无为状态，即体而用，则自然可以达到无不为的状态。打个比方说，你掌控了总的电源，就可以不拘形式，可以把电输送到任何能接通电源的任何形式的灯具之中。如果不能掌握或者通达到电的源头，而是成为一个灯具，认为自己就是一个灯，或者就执滞于某一个灯亮，则只有一种器的功用，或者一个灯一个灯地去点亮，用尽心机想出各种办法研究一个灯，让一个灯亮，再研究下一个灯的特性，再单独想办法让这个灯亮，岂不劳心烦琐无比，而收效甚微，不如让所有的灯接通总电源，随想灯亮，一按开关即可亮，所谓千江有水千家月，千家有灯千家电来亮。所以，有为就有障碍，有障碍就会有很多事情做不到，盖有局限也；而达到无为本体状态，就不会有障碍，没有障碍，所以就能无所不为。总体而言，道常无为，而无不为也。意谓契合于大道，如同掌握了电源，那么应用就会周普。

第三，明有事无事的不同结果。

故取天下常以无事。

御注：无为无事，天下归怀，故可取天下。意谓想得到道的全体大用，摄化天下，必须无为无事化之。进一步而言，无事并不是说圣人什么都不做，而是应物施为，而心里未尝有痕迹，保持静定虚静的状态，即动而寂。《庄子》云：孰弊弊焉，以物为事乎。

及其有事，不足以取天下。

御注：有事则烦劳，劳烦则凋弊，故不足以取天下也。意谓心里没有达到虚妄之境，以事为事而心里有事的人，不能心怀全局，政治方面一旦发布政令等而心里背离虚寂之道，囿于一隅，在枝节末梢上下功夫，政令繁苛，禁网凝密，令苛则人扰，百姓不堪其扰，像这样的人，无法治理好天下，如果从事教化，则无法摄化天下苍生啊。

3.《忘知》诗

人我冥然两相忘，事去鸟飞不留痕。

臻于希夷理静时，天下归于有道君。

第四十九章　任德

真传之言：

圣人无常心，以百姓心为心。善者，吾善之，不善者，吾亦善之，德善。信者，吾信之，不信者，吾亦信之，德信。圣人在天下，惵惵为天下浑其心。百姓皆注其耳目，圣人皆孩之。

真传释义：

1. 圣人人格：圣人至善，心达平等，行不言之教，无心成化而化之。

2. 内涵解析：前章明即事无事，虽应而无心。本章明示圣人无心，而能随机物感以应化。就此章内，本章有三层意思：第一，明圣人无常心，为欲化人，既同百姓之心；第二，明圣人善待人民，曾无弃舍之心；第三，显圣人教化结果："皆孩之"。

第一，明圣人无常心，为欲化人，既同百姓之心。

圣人无常心，以百姓心为心。

御注：圣人之心，物感而应，应在于感，故无常心。心虽无常，唯在化善，是常以化百姓心为心尔。意谓有道圣人之心，虚妄而能随机应物化善，能以百姓之心为己之心，以百姓利益为至上。

第二，明圣人善待人民，曾无弃舍之心。

善者，吾善之。

御疏：此应感之义也。吾者，圣人也。善者，回向正道之心，圣人奖之以进修，以果其行，使至夫吾善之大善也。河上公曰：百姓为善，圣人因而善之。意谓圣人已复乎性善，而见本来善良的人能以胜善之性教化之，使之亦臻于至善之境。

不善者，吾亦善之，德善。

河上公曰：百姓虽有不善者圣人化之使为善也。意谓耽染深重、信邪背道的不善之人，圣人也以其善接引教化，使之也被圣人的德行感化而归于至善之道。

信者，吾信之。

御疏：信谓闻道勤行，心无凝滞，圣人应之以至诚，赞成其善，以至于深信也。意谓圣人对待勤行道德的百姓以至诚，赞叹他们，使之更加深信大道。经云：信者学道之枢机也。

第三，显圣人教化结果："皆孩之"。

不信者，吾亦信之，德信。

御疏：不信谓强梁背教之人，圣人亦以平等正信而化导之，令化圣人之德，舍疑而归信也。故云德信。河上公曰：百姓为不信，圣人化之使信也。意谓对于不信大道的人，圣人也以平等心对待，教化引导他们，使之感圣人之盛德而信服。

圣人在天下，惵惵为天下浑其心。

御注：圣人在理天下，化引百姓，常惵惵用心，令德善信，而圣心凝寂，德照圆明，浑同用心，皆为天下，故云为天下浑其心。意谓圣人在天下处处谦虚谨慎，含藏内敛，和光同尘，无分别之心，对百姓一视同仁，汲汲为天下浑厚其心。

百姓皆注其耳目。

御注：百姓化圣德为善，故倾注耳目，以观听圣人。意谓因为圣人之心与百姓心混同一心，所以百姓被圣德感化而走上至善之路，因此，对于圣人的教化皆倾注耳目以观听，以学习效仿圣人。也有一种解释说百姓皆注意使用耳目体察世情，以智能判断是非，如其民察察之意，犹如王弼注云：各用聪明。

圣人皆孩之。

御注：圣人念彼苍生，犹如慈母，故凡视百姓，皆如婴孩尔。意谓圣人对待百姓，如慈母对待赤子，也可以说圣人对待百姓就像慈母对待自己的孩子。又有解释说百姓有分别之心，圣人教化使之从善，使他们都像婴孩无所分别。

3.《任德》诗

圣人和同百姓心，已无分别教化人。
德善德信真感化，浑然纯全厚朴心。

第五十章　贵生

真传之言：

出生入死，生之徒十有三，死之徒十有三，人之生，动之死地者，亦十有三。夫何故？以其生生之厚。盖闻善摄生者，陆行不遇兕虎，入军不被甲兵。兕无所投其角，虎无所措其爪，兵无所容其刃。夫何故？以其无死地。

真传释义：

1. 圣人人格：圣人道高德重，淡然无欲，精通养生而能超乎生死。

2. 内涵解析：前章明圣人浑同其心，本章明凡人皆有且溺于生死，而圣人能超乎生死。本章有两层意思：第一，正标人之生死的三种情况；第二，说明善摄生的圣人高明于常人的地方。

第一，正标人之生死的三种情况。

出生入死。

御注：了悟则出生，迷执则入死，此标尔。据此，可以理解为能了悟人生真相，而超出情欲，魂定魄静，谓之出生；而心中执着于情欲，精神劳扰，迷惑不已，谓之入死。另有解释为人生下来为出，死去则为入。有生必有死，乃自然之规律。

生之徒十有三。

御注：生之徒十有三，死之徒十有三泛论众生当生安生得生理，处死顺死得死理，如此者，大凡十中有三人矣。《道藏》十有三本作“十分亦有三耳”。意谓取其生道，顺自然而生息，全生之极，一生安然无病无灾的，能得寿长善终的十人中有三人而已。

死之徒十有三。

御疏：此亦泛论安死之道，不拒变化，适去为顺，一无惊怛，如此之者，亦十中有三人尔。意谓因先天的生命体质较差或生病伤残而未尽天年

而终的人，十人中大约有三个人。

人之生，动之死地者，亦十有三。

御疏：此释迷执之人，养生失理之徒也。河上公曰：人之欲求生，动作反之，十有三死地也。意谓有些人本来活得好好的，也希望活得长久，但是因享受过分，贪生过厚而亡的，也占十分之三。

夫何故？

御疏：此设问众生动之死地之由。河上公曰：问之何故，动之死地也。意谓“动之死地”的缘由是什么？

以其生生之厚。

御疏：此正答，言众生动之死地者，以其耽滞有为，溺情纵欲，厚自奉养，以生其生，养之太厚，故动之死地尔。意谓这第三种求生反倒夭亡，原因是用有为的方法养生，多积财产，厚资此生，溺情纵欲，爱养自己的身体太过分的缘故即“物极必反”。比如，有的人生活条件特别优厚，但是没有活得长久，就是这方面的突出例子。

第二，说明善摄生的圣人高明于常人的地方。

盖闻善摄生者。

御疏：摄，卫也，谓善能以道卫生之人，妙观生本，本来清净，于生忘生，不以情欲而滑其和，唯以冲虚而养其性，物莫能害，故称善摄。河上公曰：摄，养也。意谓我听说擅长养生的人。此处笔者认为前文提到三处十之有三，此处所谓“善摄生者”就是余下的十之有一。

陆行不遇兕虎，入军不被甲兵。

河上公曰：陆行不遇兕虎，自然远避，害不干也。入军不被甲兵，不好战以杀人。意谓善于养生的人在平地上行走兕虎自然远避，入军不被甲兵所伤。

兕无所投其角，虎无所措其爪，兵无所容其刃。

荣曰：言养生以道，积善以行，是前显不与恶遇，今明虽遇无伤也。意谓以道养生，不与恶遇；此句说明即使遇到这些危险的境界，也不会受到伤害。本句的意思是兕牛用不上它锋利的角，猛虎用不上它犀利的爪子，甲兵用不上他锋利的刀刃。

夫何故?

河上公曰：问虎兕兵甲何故不伤害。意谓问虎兕兵甲为何不伤害他。

以其无死地。

河上公曰：以其不犯上十三之死地，言神营护之，此物不敢害之。意谓是因为他们德行极高，恬淡无为，少私寡欲，心地善良，体性圆明，物我一体，无所不容，大慈大悲，毫无恶念，这种精诚到一定程度的善良的精神信息无形中对外界的事物有一种感召作用，使他们没有导致死亡的地方。

3.《贵生》诗

出生入死因情欲，养形贪生真性迷。

唯其圣人悟无生，善调性情超生死。

第五十一章　养德

真传之言：

道生之，德畜之，物形之，势成之。是以万物莫不尊道而贵德。道之尊，德之贵，夫莫之爵而常自然。故道生之，德畜之，长之，育之，成之，熟之，养之，覆之。生而不有，为而不恃，长而不宰，是谓玄德。

真传释义：

1. 圣人人格：圣人体道怀虚，遍体阳和，利物忘功，达乎至德。

2. 内涵解析：前章说明善摄生者之圣人无死地；本章可以说是中国式的宇宙生成论：道生德畜物形势成。本章有四层意思：第一，明道德应化，生育成就万物；第二，圣人劝人尊道贵德；第三，广显万物的生衰历程；第四，说明利物忘功可称之为玄德。

第一，明道德应化，生育成就万物。

道生之，德畜之。

河上公曰：道生万物。意谓道为天地之根，所以万物皆因道而生而且非道不生。但是道仅仅能生出而已，生出后要靠德一元气或者说阳和之气来畜养。

物形之，势成之。

河上公曰：物形之，一为万物设形像也。势成之，一为万物作寒暑之势以成之也。意谓万物由“道”生“德”蓄而后有其物质性的形体显现。而后还需要灵逼之气来使之成熟。例如，如果无四时寒暑之序，生杀之势，则虽生之畜之，而亦不能成熟之也。所以成万物者，又因其势也。势者，凌逼之意。如春气逼物，所以物不得不生。秋气逼物，故物不得不成。这就是说万物最后成熟还要借势。

第二，圣人劝人尊道贵德。

是以万物莫不尊道而贵德。

河上公曰：道德所为，无不尽敬，动而尊敬之也。意谓万物由道生德畜，所以万物没有不尊道贵德的。

道之尊，德之贵，夫莫之爵而常自然。

御注：言道德之尊贵，非假爵命，但生成之功被物，而常自然贵尔。意谓道德的尊贵，是因为生养万物，所以被生之万物都尊之贵之，并不是假借他人来封的爵位而彰显尊贵，而是自然而然的尊贵。

第三，广显万物的生衰历程。

故道生之，德畜之。

御注：增进曰长也。意谓道之于万物，先生之，而后蓄养之。

长之，育之。

御注：安抚为育也。御疏：增进曰长，安抚曰育。意谓既然使之生长而又抚育之。

成之，熟之。

御疏：辅相曰成，遂终曰熟。意谓既然抚育了万物又接着使之成熟，既育而又成熟万物。

养之，覆之。

御疏：资给曰养，荫庇曰覆。八者皆道德功用之谓，所以万物尊而贵之。意谓既然使之成熟了，又爱养而覆护万物。

第四，说明利物忘功可称之为玄德。

生而不有。

河上公曰：道生万物，不有所取，以为利也。意谓虽然道生出了万物，但是没有丝毫矜夸认为自己有功劳的心。

为而不恃。

河上公曰：道可施为，不恃望其报也。意谓生养万物，但是没有丝毫倚恃自己有功劳而希望万物回报自己的心。

长而不宰。

河上公曰：道长养万物，不宰割以为器用也。意谓道德虽然长养了万物，但是并不以自己的功劳而宰制万物。

是谓玄德。

河上公曰：道之所行，恩德玄暗，不可得见。意谓这就是深不可测的深远的看不见的广大玄妙之德行呀。

3.《养德》诗

道德隐隐不可见，缘何尊贵无极限？

生养万物不彰显，利物忘功任自然。

第五十二章　归元

真传之言：

天下有始，以为天下母，既得其母，以知其子。既知其子，复守其母，没身不殆。塞其兑，闭其门，终身不勤，开其兑，济其事，终身不救。见小曰明，守柔曰强，用其光，复归其明，无遗身殃，是谓袭常。

真传释义：

1. 圣人人格：圣人返本还元，见微知著，知母守子，晦迹韬光，守柔谦和。

2. 内涵解析：前章说明道有生化之功，却利物忘功；而本章再明道为始母。本章有四层意思：第一，彰明道为始母，万物为子，母子不离；第二，显修习之方，闭塞之妙；第三，说明继承常道的方法：晦迹韬光；第四，明晦迹韬光，能继常道。

第一，彰明道为始母，万物为子，母子不离。

天下有始，以为天下母。

荣曰：道为物本，故云始。德能畜养，故云母也。意谓道是万物的根本与起始，天下万物，皆从道生，可以作为天下万物的母亲。其实玄道妙本，智慧之源，超绝名相，离诸色相，天下万物，皆从此生。本句圣人欲令人人识根知本，故第一章云：无名天地始也。以为母者，言从本降逃，导引苍生，长之育之，如母爱子，故第一章云：有名万物之母。

既得其母，以知其子。

荣曰：道德生畜，母之义也。物从道生，子可知也。如果认识并掌握了大道是万物的母亲，就可以理解明白由此而产生的万事万物就是大道的孩子了。经云：虚无自然，是真父母也。

既知其子，复守其母，没身不殆。

河上公曰：已知一，当复守道，反无为也，不危殆也。意谓既然知

道了万事万物是道之子，就好比子从母生，孝敬母亲天经地义，物从道生，必须守于道，就好比子返来孝敬母亲一样。如此子孝母，母慈子，如人、物守于道，道爱人、物，自然相互感通，终身不会有危险。此明母子相守，本末相收，能行者家国皆得平安也。《西升经》云：常能养母，身乃长久。

第二，显修习之方，闭塞之妙。

塞其兑，闭其门，终身不勤。

御注：兑，爱悦也。目悦色，耳悦声，六根各有所悦，纵则生患，是故塞之。不纵六根爱悦，则祸息之门闭矣，故终身不动劳。御疏：此明绝欲守母之行也，兑，悦也，谓耳目爱悦声色，鼻口爱悦香味，六根各有所悦。门以出入为义，言诸根色尘之所由也。塞其爱悦之视听，则祸患之门闭矣。祸息门闭，则终身无动劳也。故云终身不勤。河上公曰：塞其兑，兑，目也，目不妄视也。闭其门，门，口也，使不妄言说非也。终身不勤，人当塞目不妄视，闭口不妄言，则终身不勤苦。荣曰：掩目闭口，外患不生，既无疲劳，人绝勤苦，会无名之始，归有名之母，修身之道也。这句话告诉我们守母之法：清心寡欲，闭目塞口，不纵容六根放任追逐身外之物而恬淡自养，积精累气，固根抱本，自然可以延年益寿，终身不会勤苦。《西升经》云：动则有载劫，自唯甚苦勤也。但能依前闭塞，即境而真，心性宽闲而无劳倦，可以尽年终命而不劳勤苦者也。笔者认为此意与《颜渊问仁》之“孔颜四勿”意思相同：非礼勿视，非礼勿听，非礼勿言，非礼勿动。如能做到“孔颜四勿，自然也可以归仁养生”。

开其兑，济其事，终身不救。

成疏：及愚者为之，即开其眼耳等根，济于色声等事，终身耽染，没命贪淫，纵使大圣大慈，良亦目击不能救度之也。意谓如果意动神驰，开其眼耳口等根，贪染于目悦耳喜，而沉溺于声色犬马之中，纵使大圣人慈悲，看你这样迷途不知返也无法救度呀。

第三，说明继承常道的方法：晦迹韬光。

见小曰明。

御注：人能于事微小，则见而改行，可谓明矣。意谓见微知著，能防祸患；祸患初起是很微小，但见到不合于道的萌芽将起而能防患未然，可谓明智了。

守柔曰强。

河上公曰：守柔弱，日已强大也。意谓守住谦和柔弱之道，则智慧增明，而能用道，那么德业会逐日强盛。

第四，明晦迹韬光，能继常道。

用其光，复归其明。

御注：见小则明，守柔则强，若矜明用强，将失守柔见小之义，故当用光外照，复归守内明，则长无患累矣。意谓人精神外用其光而行动时，所作合乎本分，没有奢望之心，不违衣食，不求过分，当贱不望贵，贫不望富，若如此则反归其明，内融而常静，精神不外泄也。如此，可达于我能入道，道亦入我，我道相入，浑而为一。《庄子》云："滑疑之曜，圣人之所图也。"

无遗身殃，是谓袭常。

河上公曰：无遗身殃，内视存神，不为漏失也。是谓袭常，人能行此，是谓修常道。意谓以光照物，对物没有贪欲执着之心，还守内明，不自我矜夸，守母存子，返照本源，自然没有祸患发生，这种人可以承袭常道，把这种道文化发扬光大了。

3.《归元》诗

密闭门户意不扬，见小守柔明且强。

返照本源无灾殃，知子守母袭真常。

第五十三章　益证

真传之言：

使我介然有知，行于大道，唯施是畏。大道甚夷，而民好径，朝甚除，田甚芜，仓甚虚，服文彩，带利剑，厌饮食，资货有余，是为盗夸，非道也哉。

真传释义：

1. 圣人人格：圣人无为自然，俭约朴素。

2. 内涵解析：前章明忘照之人，能继真常之道，本章叹真常之道平常易行，但是人心不古，道之难行。本章有两层意思：第一，明道体希夷，不假施为，无为方妙；第二，明不怀道者，饕餮多贪，与大道至理相乖。

第一，明道体希夷，不假施为，无为方妙。

使我介然有知，行于大道，唯施是畏。

御注：老君言：若使我耿介然矜其有知，欲行大道，既与道不合，故唯所施为，是皆可畏也。意谓大道本体虚无灵通，妙绝分别，真假性齐，死生一贯，而今让我起心分别、生出知见、乖于本心来行道，诸所施为动作，皆背道之行，是让人感到畏惧的事情呀。故可畏也。

大道甚夷，而民好径。

御注：大道平易，是畏有知，人而多故，欲心求捷，如彼行人好从邪径。邪径之弊，具如下文。意谓大道本来简易平常，像平坦的大路一样，但是人喜欢走邪径。

第二，明不怀道者，饕餮多贪，与大道至理相乖。

朝甚除。

成疏：失道之君，好行邪径，不崇朴素，唯尚华侈，既而除去故宇，更造新宫，雕楹刻桷，穷乎绮丽。意谓失道之君，喜欢走邪径，不崇尚朴素，却崇尚奢侈之风，因而过分地除去故宇，更造新的宫殿，雕楹刻楠，雕梁画栋，极尽奢华绮丽。国民的精力、资力皆耗于此。历史上的昏君大多极尽奢华，耗财伤民。

田甚芜。

御注：浮食惰业废农事也。意谓因此农民不能尽力耕作，延误农时，致使田园荒芜。

仓甚虚。

御注：南亩不收无储积。意谓农废年岁没有收成，导致老百姓没有积蓄粮食，国家也没有库存了。

服文彩。

河上公曰：好饰伪，贵外华。意谓君王、贵族、豪门身着华美的锦衣。

带利剑。

河上公曰：尚强武且奢。意谓佩带锋利的宝剑，耀武扬威。

厌饮食。

御注：烹肥击鲜重滋味。厌，饫足尔。意谓好美味而不知道满足。

资货有余。

成疏：轻躁荒淫，于政不足，重赋百姓，积敛有余。意谓仗着自己的权位，私下多多积累财物宝贝。

是为盗夸，非道也哉。

荣曰：取不足，积有余，盗之谓也。爱文彩，事奢侈，夸之义也。唯盗与夸，俱非道行。意谓上述背道之行，是盗窃过分的行为，是背道而驰的。

3 《益证》诗

清静无为道正途，奈何偏行入邪曲。

有为骄奢竞浮夸，精败气亡国亦虚。

第五十四章　修观

真传之言：

善建者不拔，善抱者不脱，子孙以祭祀不辍。修之于身，其德乃真，修之于家，其德乃余，修之于乡，其德乃长，修之于邦，其德乃丰，修之于天下，其德乃普。故以身观身，以家观家，以乡观乡，以邦观邦，以天下观天下。吾何以知天下之然哉？以此。

真传释义：

1. 圣人人格：圣人真修为本，以性融物，功德无穷，泽及子孙。

2. 内涵解析：前章阐明贪染之人，乖常失道，本章明善建之士契理合真。本章有三层意思：第一，明善建之人，道德光被后代子孙；第二，明自利利他，德行日渐增长广大；第三，阐明利害，以劝诫勉励学人。

第一，明善建之人，道德光被后代子孙。

善建者不拔。

御注：善能以道建国立本者，不可倾拔。意谓圣人复性之真，善于建立“道德”于天下，以“道”的原则举事立业，治国安邦，天下人心感服，万方归德，其功业不可倾拔。

善抱者不脱。

御注：若能以道德抱百姓者，不可脱离也。意谓善于以道抱精神者，与道合一，不可脱离；而人君若以道德抱守百姓，则百姓乐于追随而不脱离有道之君。

子孙以祭祀不辍。

御疏：祭，荐也。继代日祀，谓后代子孙荐礼于宗祖也。辍，止也。意谓道德光被后代子孙，后代子孙也能继承道德，薪火代代相传，后代子孙自然敬仰、怀念、颂扬和祭祀先祖，没有断绝之时。

第二，明自利利他，德行日渐增长广大。

修之于身，其德乃真。

御注：修道于身，德乃真纯。其德可以朴实纯真；意谓善建之人，照了真性清净，没有虚伪与杂乱之气，真真切切用“道”的原则修身，伪杂净尽，其德自然可以朴实真纯。

修之于家，其德乃余。

御注：一家尽修，德乃余尔。意谓修道于家，自然父慈子孝，兄友弟恭，夫顺妻贞，其德如此，乃有余庆，及至福荫来世子孙。《易》曰：积善之家，必有余庆。可谓自利亦利家了。

修之于乡，其德乃长。

御注：一乡尽修，德乃长久。意谓自狭及广，修家及乡，修道于乡，一乡修道，尊敬长老，爱护幼少，“老吾老以及人之老，幼吾幼以及人之幼”，其德如是，德行悠长。

修之于邦，其德乃丰。

御注：一国尽修，德乃丰盈。意谓修道于国，一国之人还淳返朴，奸伪不生，自然君信臣忠，仁义自生，礼乐自兴，政平无私，其德如是，德可谓丰厚丰盈了，自然国泰民安。

修之于天下，其德乃普。

御注：若天下尽修，其德施乃周普尔。意谓明君修道，用道而治，广施道德于天下，则天下人民厚道朴实，天下自然太平，万国来朝，四方款附，恩泽泽及天下，其德自然能周流普遍。

第三，阐明利害，以劝诫勉励学人。

故以身观身。

御注：以修身之法观身，能清净者乃真。意谓我身因修此“道”，自然能心正意诚，神旺气足，身康体健，归于真朴，以此照察他人之身，修道亦也归真，不修道则流入虚伪之流。

以家观家。

御注：以修家之法观家，能和睦者有余。意谓我家因修此道，六亲和睦，父慈子孝，家业兴旺，以此照察他家，亦然；不修之家相反。

以乡观乡。

御注：以修乡之法观乡，能顺序者乃长。意谓我乡因修此道，一乡之人相亲相爱，和睦相处，无争无斗，以此观他乡，同样；照察不修道之乡，相反。

以邦观邦。

御注：以修国之法观国，人能勤俭者乃丰尔。意谓我国因修此道，君正臣忠，民心淳朴，百业兴旺，国泰民安，以此照察他国，无异；以此照察不修道之国，相反，君臣不睦，乱臣贼子，民不聊生矣。

以天下观天下。

御注：以天下之法观天下，能无为者乃普也。意谓道行天下，其德泽被九州，普天同庆，万民安乐，以此照察别处之天下，也必然如此。以此照察不修道之天下，亦相反。

吾何以知天下之然哉？以此。

河上公曰：老子言吾何以知天下修道者昌，背道者亡，以此五者观而知之。意谓我怎么知道天下修道者昌，背道者亡，就是用了以上“由近及远，由此及彼”的类推方法。

3.《修观》诗

修道于身家乡国，德乃真余长丰饶。

天下有道天下化，万邦归附自来朝。

第五十五章　玄符

真传之言：

含德之厚，比于赤子，毒虫不螫，猛兽不据，攫鸟不搏，骨弱筋柔而握固，未知牝牡之合而朘作，精之至也。终日号而不嗄，和之至也，知和曰常，知常曰明，益生曰祥，心使气曰强。物壮则老，是谓不道，不道早已。

真传释义：

1. 圣人人格：圣人与道冥合，谦下柔和，心静神清，神凝气定，犹如赤子。

2. 内涵解析：前章明修道利物，体道合真，道化天下；本章指出有道之圣人含德之厚。本章有两层意思：第一，以婴儿为喻，表明圣人与道契合，含德之厚，忘机心，物莫能伤；和气加身，知和体常，自然养生。第二，说明所作强梁、乖道之人早夭。

第一，以婴儿为喻，表明圣人与道契合，含德之厚，忘机心，物莫能伤；和气加身，知和体常，自然养生。

含德之厚，比于赤子。

御注：至人含怀道德之厚者，其将比于赤子。意谓以“赤子”比喻圣人大有妙用，圣人含怀道德，非常的淳厚，如何来表述圣人修道之深、养德之厚的状态，用赤子来作比喻。赤子之行，具列于下：

毒虫不螫，猛兽不据，攫鸟不搏。

御疏：此释至人之全德。意谓圣人既无害物之心，物亦不害之也。含德深厚，为道父德母所冥护，所以蛇虺类的毒虫不毒害螫刺他，兕虎类的猛兽不扑向他，鹰隼类的猛禽不抓取他。看来太平之世，人无贵贱，人人皆有仁心时，有刺之物，还返其本，有毒之虫，亦不伤于人也。

骨弱筋柔而握固。

河上公曰：赤子筋骨柔弱而持物握固者，以其意专心不移也。意谓虽然骨嫩筋柔，握持却非常牢固，因为婴儿心专，心无旁骛。

未知牝牡之合而朘作，精之至也。

河上公曰：赤子未知男女之合会，而阴作怒者，由精气多之所致也。意谓圣人如赤子一样含德体道淳和，无为虚淡，即使闻见色声，而因已妙悟真空，不见和合之相，盖精满气足的原因呀。

终日号而不嗄，和之至也。

河上公曰：赤子从朝至暮，啼号声不变易者，和气多之所致。意谓赤子从早到晚地啼哭，嗓子却不嘶哑，是因为他先天元气淳和之故。

知和曰常。

御注：能如婴儿，固守和柔，是谓知常之行。意谓知道了阴阳平衡，和柔之理，修养至元气淳和而不失，就叫作体会到了真“常”之道呀。

知常曰明。

御注：守和知常，是曰明了。意谓人能明白真常之行，而保精爱气者，就可以叫作明达了。

第二，说明所作强梁、乖道之人早夭。

益生曰祥。

荣曰：益生曰祥，心使气曰，祥，善也，强，盛也。本句意谓流俗有为之徒，不能像赤子一样握固，具含德其气，而是益生以厚滋味，以药石补气，心里想着使气盛而不衰，身体一直保持长久而不衰，皆有为修道修身，反而达不到自己的目的。

心使气曰强。

御注：心有是非，气无分别，若役心使气，是曰强梁之人尔。意谓人心里有是非善恶之别，以为练气可长生，可是气无分别，应该顺任气机自然运行方可。如果有为用心搬运气机，就是强梁之行。

物壮则老，是谓不道，不道早已。

御注：凡物壮极则衰老，故戒矜壮恃强，是谓不合于道，当早止已。意谓物极则反，体盛则衰，道贵柔弱，现在却恃强梁，就与道不合，也就是背离了“道”。背离了“道”，不仅不能长生，反而会过早天亡。

3.《玄符》诗

道体浑然天成作，无为用柔方契合。

用以修身如赤子，含德淳厚得善果。

第五十六章　玄德

真传之言：

知者不言，言者不知。塞其兑，闭其门，挫其锐，解其纷，和其光，同其尘，是为玄同。故不可得而亲，不可得而疏，不可得而利，不可得而害，不可得而贵，不可得而贱，故为天下贵。

真传释义：

1. 圣人人格：圣人迹寄寰中，心超物表，妙契忘言，与道玄同。

2. 内涵解析：前章明含德体常，益生却失道；本章言圣人为天下所尊贵的原因是以其善得所养之方，妙契于道而忘言，能与道玄同。本章有两层意思：第一，明圣人已达玄同境界；第二，明圣人为天下所尊贵的原因。

第一，明圣人已达玄同境界。

知者不言，言者不知。

御注：知，了悟。言，辞说。御疏：知者，了悟也。言者，辩说也。夫至理精微，玄宗隐奥，虽假言以诠理，终理契而言忘。故了悟者得理而忘言，辩说者滞言而不悟，故曰知者不言，言者不知。河上公曰：知者不言，知者贵行不贵言也。言者不知，驷不及舌，多言多患。荣曰：知者不言，得意忘言，悟理遗教，言者不知，多言则丧道，执教则失真。成疏：知者不言，知道之人，达于妙理，知理无言说，所以不言。故《庄子》云：道无问，问无应，即无为谓是也。言者不知，封滞名言，执言求理，理超言象，所以不知。故《庄子》云：问道而应之者，不知道。知道与黄帝是也。意谓圣人有自知之明，所以善于含养于心，而不用语言表达出来，因为心里所知道的道真，言语有达不到的地方。而且道统神传，得意忘言，那些哓哓资于口谈道者，应该不是真的懂得道了。我们平常所说大多是达于全体道境之途径和道性，并不是道本身，这犹如以手指月。所以说知者不言，言者不知。

塞其兑，闭其门。

河上公曰：塞闭之者，欲绝其源。意谓圣人缄默自守，不逞口舌之能，不事耳目之玩。

挫其锐，解其纷，和其光，同其尘。

御注：解具如道冲章，彼则约道，此则约人。言人能体道，是谓与玄同德也。本句意谓圣人遇物浑圆，不露锋芒；心体湛然宁寂，无忧无虑，释然无虑；含光敛耀，顺物忘怀，和光同尘。

是为玄同。

御疏：叹夫体道之人，既已不滞言教，又能和光混俗，行符于道，是谓与玄同德。意谓圣人妙契玄微之境，能做到如上所说，可以说是与玄理符同了。

第二，明圣人为天下所尊贵的原因。

故不可得而亲，不可得而疏。

御注：故不可得而亲，玄同无私，故不可得而亲。不可得而疏，泛然和众，故不可得而疏。意谓圣人已达玄同之境，无内外之分，心无偏私，当然无法亲昵与疏远。

不可得而利，不可得而害。

御注：不可得而利，无欲故不可得而利。不可得而害，不争故不可得而害。意谓圣人恬淡虚无，对圣人而言哪有什么利害之谈。《庄子》云：不就利，不违害也。

不可得而贵，不可得而贱。

御疏：体道自然，非爵禄所荣贵也，超然绝累，非凡俗所得贱也。意谓圣人本无高下之等，宠辱不惊，怎有贵贱之殊。

故为天下贵。

御注：体了无滞，言忘理畅，锐纷尽解，光尘亦同，既难亲疏，不可贵贱尔。意谓圣人无内无外，无左无右，无上无下，无有亲疏、利害、贵贱，混同无极大道，当然是天下最为珍贵的了。

3.《玄德》诗

妙契大道已忘言，和光同尘实超然。

精诚无欲无亲疏，不在利害贵贱间。

第五十七章　淳风

真传之言：

以正治国，以奇用兵，以无事取天下。吾何以知其然哉？以此。天下多忌讳，而民弥贫，人多利器，国家滋昏，人多伎巧，奇物滋起，法令滋彰，盗贼多有。故圣人云：我无为而民自化，我好静而民自正，我无事而民自富，我无欲而民自朴。

真传释义：

1. 圣人人格：圣人无为化民、好静自正、无私无欲。

2. 内涵解析：前章明体道之圣人，天下之人尊之贵之；本章明圣人如果应化为帝王，是如何治理天下化导民众的。本章有四层意思：第一，明权变之智与本体实际之智，用舍不相同；第二，明摄化黎民百姓，不如先无事；第三，假设疑问，广辨有为之害处；第四，援引圣人之言，显示出无为自化的神奇效果。

第一，明权变之智与本体实际之智，用舍不相同。

以正治国。

荣曰：养百姓者，妙在平均，宣风化者，要归于正直。此所谓诸侯牧宰道德，齐礼文之教也。意谓人君治理天下国家者，应当以清净无欲为正道，如此，则百姓皆归于正直，则民风淳朴也。

以奇用兵。

荣曰：奇，变诈也，临难制变，兵不厌诈，三略太奇，九攻百胜，上将军师，静难息寇，武之功也。意谓带兵打仗，要用奇巧诈术，是为诡道。但兵者不祥之器，不得已平定祸乱与盗贼才使用。属于权变之智。

第二，明摄化黎民百姓，不如先无事。

以无事取天下。

御疏：此亦标也。有道之君，无为而理，夫无为则无事，无事则不烦，不烦则百姓自化，而天下太平矣。意谓有道之君，要想取得天下太平，必须安分守己，不可妄生事端，《道德经》第四十六章中说："罪莫大于可欲，祸莫大于不知足，咎莫大于欲得，故知足之足，常足矣。"纵观历史，可见天下大乱的原因在于历史上某些当权者不知足，贪得无厌，以致妄生诸多事端，强取豪夺；要想天下太平，必须知足安分，不可多生事端，扰乱庶民。只有这样，人民才能安居乐业，四海平安祥和，天下自然太平。

第三，假设疑问，广辨有为之害处。

吾何以知其然哉？以此。

荣曰：何以得知无事可以取天下，即以此下文云我无为人自化，我无事人自富。意谓老子假设发问：我怎么知道摄化天下必须无事才是正道？用此下文来观照，就可以知道了。

天下多忌讳，而民弥贫。

御注：以政理国，动多忌讳，人失作业，故弥贫尔。意谓不能以清静无为之道化导百姓，民无道德，靠种种法律框框限制老百姓的行为，政烦网密，密则人惧，连一些正当的行业都不敢大胆从业，百姓怎么能不贫穷呢？

人多利器，国家滋昏。

御注：利器，谓权谋，人主以权谋为多，不能反实，下则应之以谲诈，故令国家滋益昏乱。意谓释上以奇用兵也。利器者，权谋也。本来权谋是特殊情况下不得已而用之，但是，如果治理国家平时也经常使用，下必应之以诡谲诈伪，所以必然滋生祸乱而导致国家昏乱不堪。

人多伎巧，奇物滋起。

御注：人主以伎巧为多，不能见素，下则应之以奢，故令淫奇之物滋起。意谓人君如果不尚淳朴而好浮华，则百姓也会随着滥用钱财与时间造出一些古怪奇物，奢侈之风随之而起。真所谓上梁不正下梁歪是也。

法令滋彰，盗贼多有。

御注：无为既失，法令益明，窃法为奸，尽成盗贼，岂非多有乎。意谓失去无为自化之道，刑法日益彰显，那么盗贼会越来越多，恰如孔子曰：“道之以政，齐之以刑，民免而无耻。”应当“道之以德，齐之以礼，有耻且格”才是。

第四，援引圣人之言，显示出无为自化的神奇效果。

故圣人云：我无为而民自化，我好静而民自正，我无事而民自富，我无欲而民自朴。

御注：故圣人云：我无为而民自化，我无事而民自富，我好静而民自正，我无欲而民自朴，无为则清净，故人自化。无事则不扰，故人自富。好静则得化，故人自正。无欲则全和，故人自朴。此无事取天下。意谓圣人行无为之道，百姓自然被感化；不生事扰民，百姓自然知足日渐富足；圣人清静体性，虚心恬淡，自然而然，事事物物必顺其条理，各得其所，各有所用，各有所适；圣人内守冲和，清心寡欲，则百姓自然被感化而自归于淳朴。

3.《淳风》诗

权谋诡诈令国昏，法律繁苛使民贫。

不如无为民自化，无欲清净民风淳。

第五十八章　顺化

真传之言：

其政闷闷，其民淳淳；其政察察，其民缺缺。祸兮福所倚，福兮祸所伏。孰知其极？其无正也？正复为奇，善复为妖，人之所迷，其日固久矣。是以圣人方而不割，廉而不刿，直而不肆，光而不耀。

真传释义：

1. 圣人人格：圣人和光同尘，深谙事物相互转化的原理，方而不割，廉而不刿，直而不肆，光而不耀。

2. 内涵解析：前章明有道之君无为化民而治，无道之主法令滋繁扰民。本章说明有道之治闷闷，无道之化察察。本章分为三层意思：第一，明宽急二治，损益之不同，祸福两徒，倚伏之无定；第二，哀叹庸凡之辈迷途日久；第三，显圣人忘功忘名，韬光隐曜。

第一，明宽急二治，损益之不同，祸福两徒，倚伏之无定。

其政闷闷，其民淳淳。

御注：政教闷闷，无为宽大，人则应之淳淳然而质朴尔。意谓人君从政无为而治，宽大为怀，大而化之，老百姓皆归于淳朴厚实的浑化之中。

其政察察，其民缺缺。

御注：政教察察，有为苛急，人则应之缺缺然而凋弊矣。意谓人君失去好生之德，政令烦苛峻急，事事明察以法约束老百姓，法令滋彰，盗贼多有，百姓则多忧愁而缺然不足。

祸兮福所倚，福兮祸所伏。孰知其极？

河上公曰：祸兮福之所倚，倚，因也。夫福因祸而生，人遭祸而能悔过责己，修善行道，则祸去福来也。福兮祸之所伏，祸伏匿于福中，人得福而为骄恣，则福去祸来。孰知其极，祸福更相生，无能知其穷极时也。

意谓祸福之机，端在人心之所萌，倚伏不定。如果遇到祸患，人能诚心悔过责己，修善行道，那么祸患会转化为福报；如果福报来临，人得意忘形，而骄奢淫逸，那么福会离去而祸患来临。这就是祸福相倚的道理。事实上人机心不息，那么祸福旋转如循环之无端，人谁能知道这种祸福相互转化的终结极点呢？

第二，哀叹庸凡之辈迷途日久。

其无正也？

御疏：此言祸福之极，岂无正定耶？但由于人不能体道无为，妄生迷执，失其正尔。意谓祸福循环转化之如此，难道没有人以理正之吗？是由于人不能体道无为，妄生迷执，失去了正道，所以祸福轮转不已，没有穷尽。

正复为奇，善复为妖。

成疏：正复为奇，奇，虚诈也。假使有心学于正道者，则执正为正，未解忘遣，不与实性相应，故为虚诈也。善复为妖，纵为善者，犹执名言，既乖正理，适为妖孽，故《庄子》云：为声为名，为妖为孽。意谓与祸福相互转化的道理相同，有心学于正道，执迷于自己所行是正道，不与无为大道相应，则正道也变为虚诈；有心为善，执着于名言方面的善，与正理相违背，那么善也会转化为妖孽。

人之所迷，其日固久矣。

荣曰：迷祸福之源，惑邪正之路，此非旦夕，其日固久。意谓凡庸之人，对祸福、正奇、善妖之转化的道理，深感迷惑，由来已久了。《西升经》云：如是迷来久。

第三，显圣人忘功忘名，韬光隐曜。

是以圣人方而不割，廉而不刿，直而不肆，光而不耀。

御注：是以圣人方而不割，廉而不刿，直而不肆，光而不耀，圣人善化，不割彼而为方，不刿彼而为廉，不申彼而为直，不耀彼而为光，修之身而天下自化矣。肆，申也。意谓明了事物相互转化规律的圣人，虽然品德端方正直，却不以自身的端方而去裁割于物使之顺从自己；虽然圣人清廉无比，却不以清廉刿伤于人；虽然圣人处事正直，却不以正直抨击于人；虽然圣人智慧聪明，却不以聪明炫耀于人。这就是圣人和光同尘的玄同之道吧。

3.《顺化》诗

祸福正奇相转圜，善妖亦在一念间。
但学圣人玄同道，韬光匿曜化福田。

第五十九章　守道

真传之言：

治人事天，莫若啬。夫唯啬，是谓早服，早服谓之重积德，重积德则无不克。无不克则莫知其极，莫知其极，可以有国，有国之母，可以长久，是谓深根固蒂，长生久视之道。

真传释义：

1. 圣人人格：圣人俭啬守道，尊道贵德，重积德行，天下宾服。

2. 内涵解析：前章正明用道而治，以致民风淳朴和睦；本章重明治人与事天，虽人天为不同的对象，但是理同一贯，都要用道。本章有三层意思：第一，明无论是治民或奉天均须以“啬”用道；第二，明虽复用道，必须积行累功，如此则不但能“治人事天”，而且可做到无所不克；第三，明深根固蒂，久视长存。

第一，明无论是治民或奉天均须以“啬”用道。

治人事天，莫若啬。

河上公曰：治人谓人君理人民也。事天，事，用也。当用天道，顺四时也。莫若啬音，啬，俭也。治国当爱惜民财，不为奢泰，治身者爱惜精炁，不放逸也。意谓无论是治理人民，还是遵循天理奉天，均须以“啬”之俭约之道。“啬”，是收敛神气，俭约情欲，不敢见景忘真，肆意妄为。

夫唯啬，是谓早服。

御注：何以聚人？曰财，君能俭爱，则四方之人将禄负而至，早服事其君矣。意谓什么能使人聚？财帛。如果能用啬，君主就会积累起财富，使贤者早早归附担当起辅助君王的责任。

第二，明虽复用道，必须积行累功，如此则不但能“治人事天”，而且可做到无所不克。

早服谓之重积德。

御注：夫能俭啬，以是有德，人归有德，早事其君，故云重积德尔。意谓人君如能俭啬，就是有德之君，贤人归附早早担负起协助治理天下的重任，也自然会积功累行。重积深厚，其德深厚，民也自宾服。

重积德则无不克。

御注：圣人积德，四海归仁，则无有不能制服。意谓德重鬼神钦，圣人明君如能重积累德行，则内外制服，四方归附，不战而获胜。

无不克则莫知其极。

御注：人君之德，无有不能制御者，则无远不至，故四方莫知其穷极。意谓积德深厚，不但可以做到无所不克，而且天下国家无不在其道德浑化之中，没有人能知道他道德化被的穷极之处。

莫知其极，可以有国。

御注：莫知其德穷极，然后可以为有国。意谓人君内圣之德既全，德化遍及寰宇，万人归德，虽无心于天下，乃可以托于天下，可以称之为有国了。此内圣之道，真以治身，其绪余以为天下国家。故曰可以有国。

有国之母，可以长久。

御注：有国而茂养百姓者，则其福祚可以长久尔。意谓人君之所以称为有国者，根源是有道，以道为母，无为而为茂养黎民百姓，福祚永昌，可以长久也。

第三，明深根固蒂，久视长存。

是谓深根固蒂，长生久视之道。

御注：积德有国则根深而蒂固矣。深固者，是长生久视之道。意谓以此喻积德之君，埋根于道，固蒂于德，如此深积无有限量的浑厚之德，养身身长生，治国也一定可长治久安，根深蒂固，千秋永固。

3.《守道》诗

治人事天理相同，俭啬守道积功行。

德重四海皆宾服，歌舞升平天下宁。

第六十章　居位

真传之言：

治大国若烹小鲜，以道莅天下者，其鬼不神，非其鬼不神，其神不伤人。非其神不伤人，圣人亦不伤人。夫两不相伤，故德交归焉。

真传释义：

1. 圣人人格：圣人静定无为，以道修身治国理天下，与物和谐无伤。

2. 内涵解析：前章明如果俭爱，万事早服；此章明早服不扰民，其德交归。本章分为三层意思：第一，以举煎小鱼理国之喻，说明治国不可有为；第二，明道莅天下，德及鬼神，两无伤害；第三，明幽显各守本分，两者德慧相归，以劝有国之君以道治国。

第一，以举煎小鱼理国之喻，说明治国不可有为。

治大国若烹小鲜。

御疏：烹，煮也，小鲜，小鱼也。烹小鱼者不可挠，挠则鱼溃。喻理大国者不可烦，烦则人乱，皆须用道，所以成功尔。意谓善于治理国家的人，就像烹煎小鱼一样，不能胡乱搅动，火候应该缓急得当，如此，鱼的形状自然齐全，自然而熟。否则，鱼就会被搅烂不成形。与治理国家的道理相同，不能轻举妄动，恣情纵欲，妄用机智，使其政察察、法令滋彰，如此国家会越治越混乱。常言道：善丁烹调者，可以治国，其意如此。

第二，明道莅天下，德及鬼神，两无伤害。

以道莅天下者，其鬼不神。

荣曰：治国烦则下乱，修身烦则精散，以道往天下，其鬼不神。意谓用道来治理天下，连鬼的神通也不灵了，可以说心术不正的人也不兴风作浪了。

非其鬼不神，其神不伤人。

御注：上言其鬼不神，非谓鬼歇灭而无神，但其神不见怪以伤人。意谓并不是心怀鬼胎之人失去了精气，而是以正道来治理国家，人恒常有德，邪不压正，则鬼或者说心怀鬼胎、为非作乱之人自然不能为害于民了。

非其神不伤人，圣人亦不伤人。

河上公曰：非鬼神不能伤害人，以圣人在位，不伤害人，故鬼亦不敢干。意谓并不是鬼之神通不能伤害于人，而是圣人在位，无为而治，利民利物，能制伏邪恶，德被幽明，对生灵不怀伤害之心，连鬼神或者说心怀鬼胎邪恶之人亦得利益而被感化。

第三，明幽显各守本分，两者德慧相归，以劝有国之君以道治国。

夫两不相伤，故德交归焉。

御注：鬼神伤人则害国亏本，圣人伤人则匮神乏祀，今两不伤物，故德交归。意谓无论是圣哲之人还是鬼神，均不伤害国民，其道同德合，各得其所，交相归附，同归于大顺。

3.《居位》诗

天地合德非虚言，鬼神合吉亦效验。

皆因有道无为治，克诚感格国民安。

第六十一章　谦德

真传之言：

大国者下流，天下之交，天下之牝，牝常以静胜牡，以静为下。故大国以下小国，则取小国；小国以下大国，则取于大国。故或下以取，或下而取。大国不过欲兼畜人，小国不过欲入事人。夫两者各得其所欲，故大者宜为下。

真传释义：

1. 圣人人格：圣人虚心谦下，心地清净，大小平等视之，怜弱扶贫，不恃强凌弱，不以大欺小。

2. 内涵解析：前章明用道无为、克尽己诚，鬼神亦不伤人。本章明守道谦和之效。有三层意思：第一，明待人接物当以谦虚和柔静定；第二，明小大守住本分，各怀雌柔之心以待；第三，强调高者抑之，大国以谦德对待小国结果，以达到大小平衡、各得其所之效果。

第一，明待人接物当以谦虚和柔静定。

大国者下流，天下之交。

御注：下流者，谦德也。大国当下流开纳，天下之人交至矣。意谓大国用谦道，人君谦虚柔和，则天下万邦争相归附朝拜。

天下之牝，牝常以静胜牡。

御注：天下之人交至者，归于谦德，则如牝以雌静，常为牡动所求，由以静为下。意谓阴阳相交，阴性主静，阳性主动，阴静而阳动，以静制动，牝必能制胜于牡。这是天地阴阳相交的自然之理。

以静为下。

河上公曰：阴道以安静为谦下也。意谓阴以静取胜，是因为阴以静定为谦下的原因。所以，无论修身还是治国，都要以柔顺谦和为先，而不能

用强梁之道。

第二，明小大守住本分，各怀雌柔之心以待。

故大国以下小国，则取小国。

成疏：以，用也。下，谦逊也。取，摄化也。意谓圣人君临大国，善用谦和之道来对待小国，那么小国自然被摄受感化，而来归附朝贡。

小国以下大国，则取于大国。

河上公曰：此言国无小大，能执谦畜人，则无过失也。意谓大国之君以谦卑之道怀柔小国，如母育子，小国之君来朝拜大国，以卑下之礼事奉大国，钦风慕义，如子事母，必能取得大国的抚爱和庇佑呀。

故或下以取，或下而取。

河上公曰：下者谓大国以下小国，小国以下大国，更以义让相取也。意谓或因静定虚心自下，用谦下之道，而取得小国投归爱戴，或以安分居下而取得大国的容纳与庇护。

大国不过欲兼畜人，小国不过欲入事人。

成疏：大国所以用谦者，更无余意，不过欲兼爱畜养小国，小国用柔者，亦无余心，不过欲入大国之中，慕德接事。意谓大国用谦下之道的目的不过是欲想小国都来归顺宾服，有容乃大；小国侍奉大国的目的不过是想受到大国的护佑，使自己国家的国土得以完整，百姓得以安宁。

第三，强调高者抑之，大国以谦德对待小国结果，以达到大小平衡、各得其所之效果。

夫两者各得其所欲，故大者宜为下。

河上公曰：大国小国，各得其所，大国又宜为谦下也。意谓大小两国各得其所，圣人生怕大国之君面对比自己弱小之国骄盈致祸，所以此处特别告诫大国要更加谦和处下，以达到高者抑之、大小之平衡的效果而各自相安。

3.《谦德》诗

历来谦德最受益，无论身份高与低。

大君行谦万国朝，小国以谦登天梯。

第六十二章　为道

真传之言：

道者，万物之奥，善人之宝，不善人之所保。美言可以市尊，美行可以加人。人之不善，何弃之有？故立天子，置三公，虽有拱璧以先驷马，不如坐进此道。古之所以贵此道者何？不曰：以求得有罪以免耶？故为天下贵。

真传释义：

1. 圣人人格：圣人贵道，无为无欲，进德修业。

2. 内涵解析：前章正明当以谦道化天下，本章即显道体冲奥，为天下贵。本章有三层意思：第一，显道能包容万物，慈覆天下，诚以珍重；第二，陈述利害，以明进道修业之利；第三，假设疑问，叹道之功能堪为天下贵。

第一，显道能包容万物，慈覆天下，诚以珍重。

道者，万物之奥。

河上公曰：奥，藏也。道为万物之藏，无所不容也。意谓道可以府藏万物，没有什么不包容的。

善人之宝。

御注：善人知守道者昌，失道者亡，故常宝贵之，而无息累尔。意谓修道之善人，知道顺道者昌，时时体会大道之无为，身心清静，所以以道为身宝，不敢背道而行。

不善人之所保。

御注：保，任也，不善之人，不能宝贵至道，及有患难，即欲以身保任于道自求免。意谓不善之徒平时不以道行事，但是一旦遭患逢急，也知道后悔卑下求道护佑而得保任。

美言可以市尊，美行可以加人。

御注：甘美其言，可以求市，尊高其行，可以加人，以况圣人，加美法味之言，尊高清净之行，以化不善之人，亦如市贾之售，而从善矣。意谓有道德的善言最为公平，人人喜悦，可以换来别人的礼遇，善人之宝在道，善人必遵道而行，善人之有道之行为，人人必尊重。

人之不善，何弃之有？

御注：不善之人，亦在化之而已，何弃遗之有。意谓即使是不善之人，圣人当用道来引导他们，使之向善而不可以遗弃他们。

第二，陈述利害，以明进道修业之利。

故立天子，置三公，虽有拱璧以先驷马，不如坐进此道。

御注：三公辅佐，虽以合拱之璧作为先导，驷乘之马以献之，犹不如坐进此无为之道于君以化人尔。意谓天子即位，三公辅佐君王，虽然进献合拱之价值连城之璧玉作为先导，然后进献驷乘之良马，这都不算珍贵，不如把此无为之道进献给君王，以教化天下黎民百姓去恶修善。

第三，假设疑问，叹道之功能堪为天下贵。

古之所以贵此道者何？

御注：何，问辞也。意谓古往今来，都把此无为大道看得如此宝贵，其原因是什么呢？

不曰：以求得有罪以免耶？故为天下贵。

河上公曰：有罪以免耶，有罪谓遭乱世暗君，妄行刑诛，修道则可以解死也，免于众耶，故为天下贵。意谓道德虽玄远但没有不受到道的覆护庇佑的。正因修道进德，所求皆得，而且可以免于祸患，所以天下人才如此珍视贵重此无为大道。

3.《为道》诗

拱璧驷马不为尊，孜孜修道复真淳。

不惟行道免祸患，孚佑天下以慈云。

第六十三章　恩始

真传之言：

为无为，事无事，味无味。大小多少，报怨以德。图难于其易，为大于其细，天下难事，必作于易，天下大事，必作于细。是以圣人终不为大，故能成其大。夫轻诺必寡信，多易必多难，是以圣人犹难之，故终无难。

真传释义：

1.圣人人格：自然无为、清净无事、恬淡无味、以德报怨，处难于易，为大于细。

2.内涵解析：前章劝人归依修持大道，有罪都得以免，本章即揭示归依修持免罪的方法。本章有三层意思：第一，明动不乖寂，是归依之方；第二，明制伏初心，是免罪之卫；第三，戒凡举圣言，以助修行之人。

第一，明动不乖寂，是归依之方。

为无为，事无事，味无味。

御注：为无为，事无事，味无味，大小多少，报怨以德，于为无为，于事无事，于味无味者，假令大之与小，多之与少，既不越分别求，不为怨府。若逐境生心，违分伤性，则无大无小，皆为怨对。今既守分，全和以德。御疏：为，造作也，修道之人坐忘去欲，心无造作，凡所施设，功与化冥，于为非有，故曰无为，此明心也。即事不滞，故于事而无事，此明身也。即味不耽，故于味而无味也，此明口也。三业既静，六尘自息尔。河上公曰：为无为，因成修之，故无所造作。事无事，豫设备，除烦省事也。味无味，深思远虑，味道意也。意谓圣人体虚无之妙道，法天地自然之德，不悖理徇私，顺乎天理，合乎人情；圣人不扰民，不无事生非；圣人以道为味，是无味之味。此无为而为人不能知见，万物却自然化生，无事之事，国家自然太平，无味之味，其味道却长久至极。

大小多少，报怨以德。

荣曰：怨之生也，或大或小，仇之起也，乍少乍多，涉有事之境，即拘斯累，怨怨相报，无有尽期，若能归无为之大道，保自然之无累，遗滋混浊，味此清虚，咎过不生，怨雠不起，此报怨以德也。成疏：怨，罪对也。报，雠偿也。意谓修道者，不论别人对我的怨恨是大是小、是多是少，凡是与我有怨仇的人，我都以修道行善之功德来回报。可谓超越儒家“以直报怨”之境。

第二，明制伏初心，是免罪之卫。

图难于其易，为大于其细。

河上公曰：图难于其易，欲图难事，当于易时未及成也。为大于其细，欲为大事，必从小来做也。意谓想图谋成就难做的事情，要先从容易的地方着手；想做成大事，要先从细微的地方起步。

天下难事，必作于易，天下大事，必作于细。

御注：明上文所以预图为。意谓天下难事，须从易处着手；天下大事，须从细处起步。这一规律，是不可逆转的，可谓必然规律。

第三，戒凡举圣言，以助修行之人。

是以圣人终不为大，故能成其大。

御注：因云大事必作于细，将明圣人所以能成其大者，以不为其难事大事，故能成其尊大。意谓圣人欲振国纲，治理天下，没有好高骛远，而是从细微的心地上，存其善良，建立好生之德，谦让处下，久而久之，虽然圣人并没有一开始就做难事大事，但是，久久从细微处起步，最终德馨天下，成就了大事。

夫轻诺必寡信，多易必多难。

御注：轻诺许人，必寡于信，动作多易，后必多难。意谓喜欢夸海口，轻易许诺，因为言语轻易许诺于人，结果不能兑现所说，最终失信于人。行事不考虑周到，而轻浮急躁，认为事事都很容易，其结果必然是陷于被动，困难重重。

是以圣人犹难之，故终无难。

御注：难为轻诺多易，故终无大难之事。所以，圣人知易守难，即使对于容易做的事情也当作难办的事情一样谨慎应对处理，所以最终就没有困难了。

3.《恩始》诗

无为无事顺自然，恬淡无味德报怨。

退藏于密参天地，兢兢业业终无难。

第六十四章　守微

真传之言：

其安易持，其未兆易谋，其脆易泮，其微易散，为之于未有，治之于未乱，合抱之木，生于毫末，九层之台，起于累土，千里之行，始于足下，为者败之，执者失之。是以圣人无为故无败，无执故无失。民之从事，常于几成而败之。慎终如始，则无败事。是以圣人欲不欲，不贵难得之货，学不学，复众人之所过，以辅万物之自然而不敢为。

真传释义：

1. 圣人人格：圣人见微知著，慎终如始，无为无执。

2. 内涵解析：前章明免罪之法，本章重显其义。本章有三层意思：第一，举喻，明人的过失都是从微细的地方开始；第二，明众生乖理丧真，执迷不悟，所以会致败；第三，引圣人之所以修成的原因之一。

第一，举喻，明人的过失都是从微细的地方开始。

其安易持。

河上公曰：治身治国，安静者易守持也。意谓修身或者治理国家，在安宁静定心意不动之时容易修持。

其未兆易谋。

河上公曰：情欲祸患，未有形兆时，易谋止也。意谓情欲祸患，在没有形状时容易谋虑止住。

其脆易泮。

御注：祸息初起，形兆尚微，将欲防之，微则易散。意谓人欲念初起之时，无比柔脆，容易遣除。

其微易散。

御疏：细，微也。意谓祸息细微之时，因为还没有彰显，所以容易散去。

为之于未有。

御疏：为，修除也。意谓要在事情没有发生之前做好防范。

治之于未乱。

河上公曰：治身治国，于未乱之时，当豫闭其门也。意谓要在祸乱没有发生之前就消灭祸乱所起的根源。

合抱之木，生于毫末，九层之台，起于累土，千里之行，始于足下。

御注：此三者喻其不早良图，后乃成患。为谓营为，有为执着，必生祸患也。意谓合抱的大树，是从很小的树苗开始生长；九层的高台，是一点点累积土而成的；千里的行程，是一步步走出来的。

第二，明众生乖理丧真，执迷不悟，所以会致败。

为者败之，执者失之。

河上公曰：为者败之，有为于事，废于自然，有为于义，废于仁者，有为于色，废于精神也。意谓有执有为，违背自然之道，必然失败。

第三，引圣人之所以修成的原因之一。

是以圣人无为故无败，无执故无失。

御注：人之始从事于善者，常于近成而自败之。意谓圣人无为安静，虚妄而没有执着，所以没有失败。

民之从事，常于几成而败之。

御疏：几，近也。言常俗之人从于善事，常以功业近成，不能慎终，乃复亡败也。意谓凡庸之人不能始终如一，不能慎终，所以功业将要成功时而失败。《诗》云："靡不有初，鲜克有终。"

慎终如始，则无败事。

御注：慎其终末，常如始从善之心，则必无祸败之事。意谓人若能慎末如初，始终常一，就不会失败了。

是以圣人欲不欲，不贵难得之货。

御疏：此明圣行以斥凡也。意谓圣人所欲，不是常人所欲，而是无为、无味、无事的无欲之欲。常人贵难得之货，圣人已知因贵以致祸端，故"不贵难得之货，使民不为盗"。

学不学，复众人之所过。

御注：学不学，复众人之所过，以辅万物之自然而不敢为，圣人不求过分之学，是于学不学，将以归复众人过分之学，以辅自然之性，故不敢为俗多欲。意谓圣人所学的是清静无为虚无自然的不学之学，人学问越过根本之学为末，意谓圣人要使其返本还原。

以辅万物之自然而不敢为。

河上公曰：以辅万物之自然。意谓辅助万物恢复自然之性，不敢为离本之事。

3.《守微》诗

心未萌时善恶机，此刻防非最佳时。

更兼无为无执着，慎终如始何来失？

第六十五章　淳德

真传之言：

古之善为道者，非以明民，将以愚之。民之难治，以其智多。故以智治国国之贼；不以智治国国之福。知此两者亦楷式，常知楷式，是谓玄德。玄德深矣、远矣，与物反矣，然后乃至于大顺。

真传释义：

1. 圣人人格：圣人淳厚朴实，反俗顺道。

2. 内涵解析：前章举圣人守微而能辅助众生返本；本章显治国之要在于朴实为本，不可以智治理百姓。本章有三层意思：第一，引古证今，说明道用当遗其耳目，视听如愚；第二，料简胜劣，以为楷模法式；第三，反俗合真，以道治国，则至于大顺之域。

第一，引古证今，说明道用当遗其耳目，视听如愚。

古之善为道者，非以明民，将以愚之。

御注：人君善为道者，非以其道明示于人，将导之以和，使归复于朴，令如愚尔。意谓人君善于法“道”的纯厚朴素之性，不教老百姓玩弄权谋机智，而是以纯粹朴素之德教化百姓，使民默化在浑厚淳朴的民风之中。

民之难治，以其智多。

御注：君将明道以临下，人必使智以应上，智多则诈兴，是以难治。意谓老百姓之所以难以治理，是因为巧伪之智太多。

第二，料简胜劣，以为楷模法式。

故以智治国国之贼；不以智治国国之福。知此两者亦楷式。

荣曰：故以智治国，国之贼，不以智治国，国之德；智慧奸巧伤害人深，国之贼也。质朴无智，任物自化，各事其业，俗乐家安，物我无伤，君臣俱泰，国之德也。意谓用智巧治理国家，必远离道德，是国家的贼害呀。不以智巧治理国家，是国家的福分呀。明白了这两者，就知道了治国平天下的楷模法式。

第三，反俗合真，以道治国，则至于大顺之域。

常知楷式，是谓玄德。玄德深矣、远矣，与物反矣，然后乃至于大顺。

意谓既然已知不以“智”治国以道治国为楷模法式，就应永恒持守，以合于清静自然真常之道治理国家，这就是玄德了。“玄德”，又深又远，与有形有象的事物相反。万物以利己为快，昭昭察察，而“玄德”以处其厚，不处其薄，居其实，不居其华，功成不居。此为“玄德”之妙用。道本虚无自然，德合自然无为之体。以此治理百姓，民皆得以理，以此治国，国家没有治理不好的，所以称之为“大顺”。

3.《淳德》诗

巧诈百端明人民，贼害国民亦失淳。

不如道治归朴实，玄德深远天下尊。

第六十六章　后己

真传之言：

江海所以能为百谷王者，以其善下之，故能为百谷王，是以圣人欲上民，必以言下之；欲先民，必以身后之。是以圣人处上而民不重，处前而民不害。是以天下乐推而不厌，以其不争，故天下莫能与之争。

真传释义：

1. 圣人人格：圣人谦逊，先人后己，柔弱不争。

2. 内涵解析：前章正明玄德之人，反俗顺道；本章广显圣人顺道之行。本章有两层意思：第一，举譬，以表圣人虚忘谦退之德；第二，嗟叹柔弱谦虚之效果。

第一，举譬，以表圣人虚忘谦退之德。

江海所以能为百谷王者，以其善下之，故能为百谷王。

御注：江海所以能令百川委输归往者，以其善能卑下之，故百川朝宗。意谓百川之水，不管干净还是污秽，最终会汇流入江海。江海都能容纳之，为百谷之王，因为其善能处于卑下的位置。有经云：海为百川王也。

是以圣人欲上民，必以言下之。

河上公曰：是以欲上人，欲在民之上也。以其言下之，法江海，处谦虚。意谓圣人欲在万民之上，当效法海之品德，处于谦虚的地位。

欲先民，必以身后之。

御疏：圣人亦不欲先人，直以谦摄，后己先物，物自先之。意谓圣人欲在民的前面，要先退身在物的后面，先人后己之意。

是以圣人处上而民不重，处前而民不害。

成疏：圣德遐广，百姓乐推，怀荷恩泽，岂敢伤害。意谓圣人在民上为主，不以尊贵虐下，所以万民敬仰爱戴，不以为重负。圣人在民前，善待民众，民亲之若父母一样，没有谁想加害于他。

第二，嗟叹柔弱谦虚之效果。

是以天下乐推而不厌。

御注：以是不重不害之故，天下之人乐推崇为之主，而不厌倦。意谓天下人对圣人乐于推崇而不厌倦他。

以其不争，故天下莫能与之争。

御注：圣人谦退，不与物争，天下共推，谁与争者。意谓圣人不与天下人争利益，所以天下人没有谁能与他相争的。

3.《后己》诗

先人后己不喧哗，虚心应物育民发。

无我之德耀天下，四海升平如一家。

第六十七章　三宝

真传之言：

天下皆谓我道大，似不肖。夫唯大，故似不肖，若肖，久矣其细也夫。我有三宝，持而保之：一曰慈，二曰俭，三曰不敢为天下先。夫慈故能勇，俭故能广，不敢为天下先，故能成器长。今舍慈且勇，舍俭且广，舍后且先，死矣。夫慈，以战则胜，以守则固，天将救之，以慈卫之。

真传释义：

1. 圣人人格：圣人慈悲、俭约，居后不争。

2. 内涵解析：前章正明善能谦下，反倒能处于高位，本章具陈大道三宝。本章有三层意思：第一，说明道大无可形容；第二，具陈三宝，令物归依，叹其功用，如果行为背离三宝，就会沉沦生死海中；第三，总叹大道大慈，功能殊胜奇妙。

第一，说明道大无可形容。

天下皆谓我道大，似不肖。

御注：肖，似也。老君云：天下之人皆谓我道大，无所象似，我则答云。意谓天底下没有比道再大的了，大到无法用什么具体的事物形容。

夫唯大，故似不肖，若肖，久矣其细也夫。

御注：夫唯我道至大，故无所象似。若如世间诸法，有所象似，则不称大，久已微细。意谓因为道实在是太广大了，所以无所相似。如果用什么形象来比拟它，那道就成为一个具体的事物而粗浅细小了。

第二，具陈三宝，令物归依，叹其功用，如果行为背离三宝，就会沉沦生死海中。

我有三宝，持而保之。

御注：我道虽大，无所象似，然有此三行甚可珍贵，能常保倚执持，可以理身理国。意谓我有三件宝贝可以保有持守大道。

一曰慈，二曰俭，三曰不敢为天下先。

御注：慈则广救，俭则用足，不敢为天下先，故乐推而不厌。意谓第一件宝贝是慈悲；第二件宝贝是俭啬；第三件宝贝是不争先。

夫慈故能勇。

河上公曰：以慈仁，故能勇于忠孝也。意谓因为有慈仁之心，所以勇于俯救苍生。

俭故能广。

御注：节俭爱费，则财有余，故功施益广。意谓因为能节俭不浪费，不伤害财物，所以积聚财富而能功施广大，德行也愈加广大。

不敢为天下先，故能成器长。

御注：慈俭之德，谦撝益光，推先与人，人必不厌，故能成神器之长也。意谓因为谦虚低调，先人后己，所以被推为人中之最尊最上者。

今舍慈且勇，舍俭且广，舍后且先，死矣。

御注：今舍其慈且勇，勇则害物。舍俭且广，广则伤财。舍后且先，先则人怨。伤财害物，聚怨于人，是必死之道故尔。意谓现在的世人舍掉慈仁而勇武，舍掉俭啬而求广博，舍掉谦虚退后而争先，修身身死，治家家败，治国国亡，理天下天下灭，确实是自求死路啊。

第三，总叹大道大慈，功能殊胜奇妙。

夫慈，以战则胜，以守则固。

御注：用慈以战，利在全众，用慈以守，利在安人，各保安全，故胜固尔。意谓慈为三宝之首，如果用慈仁之道，那么战必胜，守必固。

天将救之，以慈卫之。

御注：战胜，天救也。守固，天卫也。是皆以慈故，故云天救慈卫。意谓上天如果想拯救谁，一定会用慈爱之道来护卫他。

3.《三宝》诗

大道三宝非寻常，修身身成理国强。

其中慈仁救天下，圣哲老子教泽长。

第六十八章　配天

真传之言：

善为士者不武，善战者不怒，善胜敌者不争，善用人者为之下。是为不争之德，是为用人之力，是谓配天，古之极。

真传释义：

1. 圣人人格：圣人不争，无我，谦虚，德配天地。

2. 内涵解析：前章具陈三宝，赞叹大慈；本章即显能持三宝之人，会于古之极道。本章有两层意思：第一，举四善，显其胜行；第二，叹美不争乃配天之德。

第一，举四善，显其胜行。

善为士者不武。

河上公曰：言贵道德，不好武功。意谓修道尚善之士，不崇尚勇武之力。

善战者不怒。

荣曰：能息寇乱，善战也。救物用慈，不怒也。意谓善于作战的人用慈仁之道而不用暴怒之气。

善胜敌者不争。

御注：师克在和，和则善胜，全胜之善，故不交争。意谓善于战胜敌人的不用武力争胜。

善用人者为之下。

成疏：夫能行谦下者，必为物所归，故能用于人也。意谓善于使用人才的能行谦下之道。

第二，叹美不争乃配天之德。

是为不争之德。

成疏：不与物争，故成己之德，此结善胜敌不争。意谓上面四善若水，善利万物而不争，是属于不争之德。

是为用人之力。

成疏：谦下雌柔，不用于物，物必归之而为己用，此结善用人为下也。意谓谦虚柔和，人物必为我所用。

是谓配天，古之极。

河上公曰：是谓配天，能行此者，德配天也。古之极也，是乃古之极约要道者也。意谓能行不争谦下之道，德配天地，契合古始之极道，是古皇维持天下太平要道。

3.《配天》诗

不武不怒不争先，利国利民天下安。

德配天地日月照，古极之道代代传。

第六十九章　玄用

真传之言：

用兵有言："吾不敢为主而为客，不敢进寸而退尺"。是谓行无行，攘无臂，扔无敌，执无兵。祸莫大于轻敌，轻敌几丧吾宝。故抗兵相加，哀者胜矣。

真传释义：

1. 圣人人格：圣人谨慎小心，持守三宝之慈，不离道用。

2. 内涵解析：前章明守持三宝之人，能会古之极道，本章明圣人不舍三宝，以慈为玄妙之用。本章有四层意思：第一，明应世接物，当知进退之道；第二，明不与物争；第三，明舍慈之人，轻敌失道；第四，明涉境运智，无出大慈。

第一，明应世接物，当知进退之道。

用兵有言：

荣曰：引古兵法。意谓引用古代用兵法的话。

吾不敢为主而为客。

御注：进虽少，不能无事，退虽多，不失谦让，故不敢进寸而退尺尔。意谓我不敢主动挑起战争，往往不得已承天而动而后迎战。

不敢进寸而退尺。

严曰：幸彼还也，恐人财殚力屈。意谓宁愿后退一尺，而不敢妄进一寸之地。

第二，明不与物争。

是谓行无行。

御注：为客退尺，不与物争，虽行应敌，与无行同。意谓怀仁慈之德于苍生，不得已而用兵，而无杀人争胜之心，贵在止住战争，所以虽然行兵打仗而与不打无异。怀仁慈之德于苍生，看不出行兵的行迹，而四海自然宾服。没有伸出打人的胳臂，但人人畏威。临敌没有杀人之心，而敌人必败。没有操持杀人的刀枪剑戟，但敌人必怕。

攘无臂，扔无敌。

河上公曰：不怒，若无臂可攘也。虽欲仍引之心，若无敌可仍也。意谓没有伸出打人的胳膊，无心伤人。心怀仁慈，虽然临敌而心中却没有敌对情绪。

执无兵。

御注：执兵所以表杀，今以慈为主，故虽执，与无兵同。意谓以慈为主，无杀敌杀人之心，虽然有操持杀人的刀枪剑戟，但实质等同于没有。

第三，明舍慈之人，轻敌失道。

祸莫大于轻敌，轻敌几丧吾宝。

御注：为祸之大，莫大于轻敌，轻敌则殆，丧吾以慈之宝。意谓为祸之大，莫过于轻视敌人，轻敌就会贸然起兵而失去仁慈之道。

第四，明涉境运智，无出大慈。

故抗兵相加，哀者胜矣。

御注：抗，举也。两国举兵以相加，则慈哀于人者胜也。意谓两军对阵，在兵力相当的情况下，谁胜谁负，其结果只能是心怀仁慈、哀于民命、体恤苍生的军队获胜啊。

3.《玄用》诗

圣人好生厌兵用，为止残暴军武行。

虽杀心无害民意，持守慈道反获胜。

第七十章　知难

真传之言：

吾言甚易知，甚易行，天下莫能知，莫能行。言有宗，事有君。夫唯无知，是以不我知也。知我者希，则我者贵。是以圣人被褐怀玉。

真传释义：

1. 圣人人格：圣人绝圣弃智，虚心无我，谦下不争，忘形释智，被褐怀玉。

2. 内涵解析：前章正明接物用慈。本章叹息慈道不被凡庸知、行。本章两层意思：第一，叹慈道之教甚易知，而凡庸不能解行；第二，举圣人妙达，故被褐怀玉，外蔽而内明。

第一，叹慈道之教甚易知，而凡庸不能解行。

吾言甚易知，甚易行。

御注：老君云：吾所说言契理，故易知，简事故易行。意谓圣哲老子所言皆都契合大道之理，简事无为，非常容易行持。

天下莫能知，莫能行。

河上公曰：恶柔弱，好刚强也。意谓天下很多人喜欢刚强有为之道，认为柔弱谦和之道吃亏，所以理解不了，也不照着去做。

言有宗，事有君。

河上公曰：我所言有宗祖根本，事有君臣上下，世人不知者，非我之无德，与我反。意谓我所言皆有宗祖根本（道），好比世事皆有君主统治一样。

夫唯无知，是以不我知也。

御注：夫唯世人无了悟之知，是以不知我无言无事之教尔。御疏：不我知，谓不知我也。夫唯世人迷惑，无了悟之知，封着名相，不能畅理，于事执事，于言滞言，是以不知吾教以无言无事之意。又解云：老君言夫唯我所知，唯在无知，而天下之人用知求知，是以不知我也。河上公曰：夫唯世人无知，是我道德之暗昧，不见于外，穷极微妙，故无知。意谓世人之所以不知道不了解，是因为我所言的道德不明显暴露于外，而是无形无为，微妙莫测，所以世人不能理解我说的至言。

知我者希，则我者贵。

御疏：希，少也。则，法也。老君言知我忘言契理之意者，至希少也。若能法则我言而行之者，则可尊贵矣。意谓知道我忘言契合大道之理意者，非常稀少呀，如果能法则我所说而行持的人，就是无比尊贵的人。

第二，举圣人妙达，故被褐怀玉，外蔽而内明。

是以圣人被褐怀玉。

御注：被褐者，晦其外。怀玉者，明其内。故知我者希尔。意谓因为上述原因，所以圣人内心智慧明达，而外在如愚之行状，就像穿着破旧的衣服而里面藏着美玉。

3.《知难》诗

大道之言简易从，世人不知因无明。

叹息知音罕遇见，不如怀玉被褐行。

第七十一章　知病

真传之言：

知不知，上，不知知，病。夫唯病病，是以不病。圣人之不病也，以其病病，是以不病。

真传释义：

1. 圣人人格：圣人真知不知。

2. 内涵解析：前章明圣人知道，但是所知者稀少，因而内怀道而外蔽。本章明世人不知大道之病；恐人错认无知，故重指出圣人无知之地与凡愚不知“道”与道用大不相同。苏辙注：道非思虑之所及，故不可知。然方其未知，则非知无以入也。及其既知而存知，则病矣。故知而不知者上，不知而知者病。既不可不知，又不可知，唯知知为病者久，而病自去矣。这段意思是说道不是通过思考能够完全理解的，所以说它不可知。然而正是因为还没有知道，错误的见解就无从影响。等到知道了一些而自以为自己知道了，就出问题了。所以知道人的思维的局限，知道真正的道是不能通过思考、学习得到的，而不去获取那些不足以了解，甚至会引起误解的、片面的、肤浅的知识，这样的人是上等层次的；不知道真正的道是不能通过思考、学习得到的，而去获取那些片面的、肤浅的知识，是错误的。既不能什么都不知道，又不能把智识看得太重要，只有认识到自己有智识、懂得很多是个问题，如果能把问题看成是问题，问题自然会解决。简单来讲，本章意谓知道那个不可知的道（《庄子·知北游》黄帝曰：彼其真是也，以其不知也），就是真知，是上德；不知道真知的，是处于病地。因为圣人知道自己的不知之病，所以清净修养，领悟大道而不病。圣人之所以不处于病地的原因，是因为把病当作病，所以最终没有病。

3.《知病》诗

不明大道是为病，知真修真达道性。
但愿世人皆知道，修契无为大道行。

第七十二章　爱己

真传之言：

民不畏威，则大威至矣。无狭其所居，无厌其所生。夫唯不厌，是以不厌。是以圣人自知不自见，自爱不自贵，故去彼取此。

真传释义：

1. 圣人人格：圣人自知自爱。

2. 内涵解析：人不畏威章所以次前者，前章明圣心真知而忘知，所以能应物之病而不病；本章即显治病愈病之方法。本章有三层意思：第一，明凡不畏威，必招恶报；第二，劝处心宽裕，方会真源；第三，明举圣证成，示其取舍。

第一，明凡不畏威，必招恶报。

民不畏威，则大威至矣。

荣曰：威，刑法也。若不畏于小罪，积恶不休，犯纲触罗，亡身损命，大威至也。意谓如果老百姓不惧怕小的过恶，那么大的祸患乃至伤身殒命的事情就会发生了。

第二，劝处心宽裕，方会真源。

无狭其所居。

御疏：神所居者心也，人当忘情去欲，宽柔其怀，使灵府闲豫，神栖于心，身乃存也。河上公曰：谓心居神当宽柔，不当急狭也。意谓人不应当处于悖理徇私、利欲妄为的窄狭之地，以免天道惩罚，而应当使心安住于宽柔闲豫之境地。

无厌其所生。

御注：身所生者，神也。无厌者，少思寡欲，不劳倦也。意谓人应当重养自我天真，少思寡欲，恬淡世情，爱养生命，不可因贪生之厚，胡作非为，嗜欲黩神。

夫唯不厌，是以不厌。

河上公曰：夫唯独不厌精神之人，洗心垢浊，恬泊无欲，则精神居之不厌也。意谓人不轻生，洗心涤虑，淡泊无欲，则精神居于形体而不厌倦，因此能享尽天年。

第三，明举圣证成，示其取舍。

是以圣人自知不自见。

御疏：自知者反照内省，防害于微，令无可畏之事。不自见者，不自彰见其才能，炫耀于物，违理失当，以招患也。意谓圣人自知其真身，因而能返照内省，防微杜渐，防止可畏的事情发生。圣人也不彰显自身的才能对外炫耀，以免违背天理、做事不恰当而招来祸患。

自爱不自贵。

河上公曰：自爱，自爱其身，以保精气也。不自贵，不自贵高，荣名于世也。意谓圣人爱其自我本来的天真，谦恭处下，不自我尊贵。

故去彼取此。

御注：去彼见贵，取此知爱。意谓圣人去掉自见自贵，取其自知自爱。

3.《爱己》诗

自古养生皆养神，不以色身耗精魂。

炼养纯熟可变化，自由随机度世人。

第七十三章　任为

真传之言：

勇于敢则杀，勇于不敢则活。知此两者，或利或害。天之所恶，孰知其故？是以圣人犹难之。天之道，不争而善胜，不言而善应，不召而自来，绰然而善谋。天网恢恢，疏而不失。

真传释义：

1. 圣人人格：圣人柔弱谦下，审时度势，不争善胜，不言善应，绰然善谋。

2. 内涵解析：前章明圣人自知自爱，而无知之人不畏威网，可悲。本章明不畏威之人勇进有为，不明天理昭彰。本章有三层意思：第一，明凡圣二行，利害各不相同；第二，阐明天之道；第三，明天网虽恢宏宽大，报应却无爽。

第一，明凡圣二行，利害各不相同。

勇于敢则杀，勇于不敢则活。

御注：敢谓果敢，言人勇于果敢从事，则失于谦柔退让，必害于身，故云则杀。不敢者，则可以活。意谓无知无畏之徒强梁果敢，无所畏惧，失去谦柔之道，必伤身害命；而人如果谦退柔和，则是生身活命之道。

知此两者，或利或害。

御疏：两者，敢与不敢也。意谓人能知勇武则杀而有害，不敢而谦退则活而有利，当须勇于不敢。此两者在勇虽同，所施则异，故云或利或害。

第二，阐明天之道。

天之所恶，孰知其故？

河上公曰：天之所恶，恶有为也。孰知其故，谁能知天意之故不犯之。

意谓上天有好生之德，厌恶求死有为之行。谁能知道天意而就利遣害？

是以圣人犹难之。

河上公曰：言圣人之明德，犹难于勇敢，况无圣人之德而欲行之乎。意谓以圣人明德巍巍，尚且不敢勇武之行，何况那些没有圣人的德性而想行持勇敢有为之事呢？

天之道，不争而善胜。

御注：此下言天道谦虚，以戒人事勇敢。天不与物争，四时盈虚，物无违者。意谓天道谦虚，不与物争，为善是从，自然尊贵，自然居于物先。

不言而善应。

河上公曰：天不言，万物自动以应时。意谓上天不说话，但是万物自动顺时应和。

不召而自来。

御注：天道不召物使从己，物不能违，自来顺天尔。意谓上天并不召唤万物顺从自己，但是万物自动顺应天道。

绎然而善谋。

御疏：注云天道玄远，绎然宽大，垂象示变，人可则之，故云善谋。意谓天道宽博，现种种物象之变化，人事方面可以作为为人处世的法则，是谓垂象以明善于谋虑人事。

第三，明天网虽恢宏宽大，报应却无爽。

天网恢恢，疏而不失。

御注：天之网罗，恢恢远也，刑淫赏善，分毫不失。意谓天网虽然宽大疏远，但是赏善罚恶，毫分不失。

3.《任为》诗

上天好生恶勇武，顺天知时谦以卑。

如逞强梁炫有为，天理昭彰饶过谁？

第七十四章　制惑

真传之言：

民不畏死，奈何以死惧之？若使民常畏死，而为奇者，吾得执而杀之，孰敢？常有司杀者杀。夫代司杀者杀，是谓代大匠斫，夫代大匠斫者，希有不伤其手者矣。

真传释义：

1. 圣人人格：圣人清静无为，不滥用刑罚。

2. 内涵解析：前章明众生不畏威刑，勇武有为，必遭天网。本章明于天生天杀皆有时，人当无为顺天，不可妄杀。本章有两层意思：第一，明人君用刑罚治理百姓会导致百姓苦不堪言而无畏死亡；第二，明生杀予夺之权自有主宰，人君当无为清静，不可妄用刑罚，以免获咎。

第一，明人君用刑罚治理百姓会导致百姓苦不堪言而无畏死亡。

民不畏死，奈何以死惧之？

河上公曰：民不畏死，治国者刑罚酷深，民不聊生，故不畏死也。治身者，嗜欲伤神，贪财杀身，民不知畏之也。奈何以死惧之，人君不宽其刑罚，教人去情欲，奈何设刑罚，以死惧之也。意谓从治理国家的角度来讲，人君如果不能体恤民情，无为而治，而是动用严酷的刑罚让老百姓强从，那么民不聊生，老百姓就不怕死了，因而用死来威胁百姓就起不到作用了。从修身的角度而言，凡情迷惑，情执深重，贪染境界，追逐外境有为不止，是求死之道，可是就是有人执迷不悟，不惧死生，让人无可奈何。

若使民常畏死，而为奇者，吾得执而杀之，孰敢？

御注：若使世人皆从清净之化，不敢溺情纵欲，常畏于死，而独奇诈者，假令吾势得执杀此奇诈之人，孰敢即杀尔。意谓如果使老百姓惧怕

死生，而从清静无为之道以教化之，那就易于管理。但是以道教化，就是有不听从的，非要为非作歹，只好执而杀死他们，那谁还敢为非作歹？可是那些违法乱纪之人，为了避免当时的杀身之祸，却可以勉强暂时不敢作案。将会伺机而动，这不是万全之策。怎么办呢？

第二，明生杀予夺之权自有主宰，人君当无为清静，不可妄用刑罚，以免获咎。

常有司杀者杀。

河上公曰：司杀者天，居高临下，司察人过，天网恢恢，疏而不失者是也。意谓为恶者自有天明察，作祸者当身死，自有主宰生杀予夺之事者杀之。

夫代司杀者杀，是谓代大匠斫。

御注：人君好自执杀，必不得天理，是犹拙夫代大匠斫木。意谓如果人君不能无为清静，而好用杀伐之权，就好比拙劣之人代替大工匠砍伐木头一样。

夫代大匠斫者，希有不伤其手者矣。

御注：拙夫代斫，岂但伤村，亦自伤其手。人君任刑，代彼司杀，岂唯残害百姓，抑亦自丧天和。意谓人君不能无为清静教化好百姓而任意使用刑罚，不仅残害百姓，还会失去天地和谐之气伤了自己的气运，就像代替大匠砍伐木头一样，自伤其手。

3.《制惑》诗

民不畏死杀无宁，反违慈悲惹天刑。

不若敬天保黎民，清静无为享太平。

第七十五章　贪损

真传之言：

民之饥，以其上食税之多也，是以饥。民之难治，以其上之有为也，是以难治。民之轻死，以其上求生之厚也，是以轻死。夫唯无以生为者，是贤于贵生。

真传释义：

1. 圣人人格：圣人淡泊无欲。

2. 内涵解析：前章正明勇于敢者必招苦报；本章再阐明耽着有为必然有恶果。本章有两层意思：第一，明众生所以无德轻死，为耽染有为、求生之厚；第二，示贵生之道。

第一，明众生所以无德轻死，为耽染有为、求生之厚。

民之饥，以其上食税之多也，是以饥。

御注：天下之人所以饥乏不足，以其君上食用赋税之太多。意谓老百姓之所以饥寒交迫，是因为在上位者收取赋税太多的原因。

民之难治，以其上之有为也，是以难治。

御注：天下之人所以难治化，为其君上有为则难理，诈兴多尔。意谓老百姓之所以难以治理，是因为政令繁苛，不得民心，所以难以治理好。

民之轻死，以其上求生之厚也，是以轻死。

御注：天下人轻死者，以其违分求生太厚之故，是以轻死尔。意谓有的人之所以会不得善终而夭亡，是因为求生养生太过分，或者操劳过度，或者享乐过度，或者为求生而触犯刑法，所以会中途死亡。

第二，示贵生之道。

夫唯无以生为者，是贤于贵生。

御注：自然之分足则生全，若养过其分，分过则生亡。故夫唯无以

厚其生为者，是贤于贵生乎。意谓唯有存心养性，恬淡无欲，忘我无为，“外其身而身存”，不求长生，反而能获长生。

3.《贪损》诗

求生心切厚养身，营谋百端欲长存。

不知无我无为处，淡然无欲养真人。

第七十六章　戒强

真传之言：

人之生也柔弱，其死也坚强。草木之生也柔脆，其死也枯槁。故坚强者死之徒，柔弱者生之徒。是以兵强则不胜，木强则共。坚强处下，柔弱处上。

真传释义：

1. 圣人人格：圣人虚心柔弱。

2. 内涵解析：前章明重生厚生轻死，忘生反获长生；本章明柔弱获长生，刚强之徒易灭。本章有两层意思：第一，以人生与草木之生皆柔弱，辩柔强优劣；第二，结论柔弱则生，刚强则死。

第一，以人生与草木之生皆柔弱，辩柔强优劣。

人之生也柔弱，其死也坚强。

御疏：人之生也，和气流行，百体以之柔弱。人之死也，和气离散，四支以之坚强。言此者，示柔弱坚强为生死之戒也。河上公曰：人生也柔弱，生含和气，抱精神，故柔弱。其死也坚强，人死和气竭，精神亡，故坚强。意谓人处于柔弱状态则和气充盈，那么就会生生不息；而如果坚强，则和气失去散灭，取死之道。劝人去刚用柔之意。

草木之生也柔脆，其死也枯槁。故坚强者死之徒，柔弱者生之徒。

河上公曰：万物草木之生也柔脆，和气存也。其死也枯槁，和气去也。意谓用无情草木之生比喻，说明草木之类也是有和气则柔弱而生长，和气散灭则变得枯槁，让人明了万物亦得道于柔弱，失道所以坚强也。

第二，结论柔弱则生，刚强则死。

是以兵强则不胜。

御注：见哀者胜，故知恃强者必败也。因此，行兵布阵，应心怀仁慈，顺天应人，不可恃强暴而横行霸道，否则，不得民心不会取胜。

木强则共。

河上公曰：木强大，枝叶共生其上也。意谓树木变得刚强的树枝在下面，而枝条柔弱的在上面。

坚强处下，柔弱处上。

御疏：结上文木根本强大，即枝叶共生其止之义，欲明强梁之人，常在柔弱之下尔。意谓由自然界木本植物的自然现象再次强调：天道抑强扶弱，强梁之人常常居于柔弱之人下面。

3.《戒强》诗

寒冬枝枯叶飘零，实因肃杀强梁从。

不如谦柔草木生，柔和得气生意浓。

第七十七章　天道

真传之言：

天之道，其犹张弓欤？高者抑之，下者举之，有余者损之，不足者补之。天之道，损有余而补不足，人之道则不然，损不足以奉有余。孰能以有余奉天下？唯有道者。是以圣人为而不恃，功成而不处，其不欲见贤也。

真传释义：

1. 圣人人格：圣人为而不恃，居功不傲。

2. 内涵解析：前章正辨刚柔胜劣，以劝人柔弱虚心。本章重明刚柔损益之道。其共三层意思：第一，阐明天之道；第二，阐明人之道；第三，以圣人之道作结。

第一，阐明天之道。

天之道，其犹张弓欤？

御注：天道玄远，非喻不明，故举张弓以彰其用。意谓天之道就像拉弓射箭一样。

高者抑之，下者举之，有余者损之，不足者补之。

御注：张弓如此，乃能命中，是犹天道亏盈益谦，欲令人君法天字人，故示抑高举下之道。意谓太高了就压低一些，太低了就抬高一些，多余的减去，不够的要补足，直到达到不高不低适中合于中道为宜。

天之道，损有余而补不足。

河上公曰：天之道，损有余而补不足，天之道损有余而益谦，天常尚中和为上。意谓天道贵中合宜，用多余的补足欠缺的。

第二，阐明人之道。

人之道则不然，损不足以奉有余。

河上公曰：人之道则不然，人道则与天道反也。损不足奉有余，世俗之人，损贫以奉富，夺弱以益强也。意谓人道违背天理，却让贫贱不足的供奉富贵有余的。

第三，以圣人之道作结。

孰能以有余奉天下？唯有道者。

御注：谁能以己有余，奉与天下之人不足者，独有道尔。意谓谁能够取法天道，以自己的盈余来供奉天下不足之人，只有那些有道之人可以做得到呀。

是以圣人为而不恃。

御注：圣人法天，称物均施，施平于物，不恃其功也。意谓所以虽矜孤恤寡，才德两施，但为德不望其回报。

功成而不处，其不欲见贤也。

河上公曰：功成事就，不处其位。不欲使人知己之贤，匿功不居。意谓成就万物却不居功自傲；无意让别人知道自己的贤能，有功劳也不让别人知道。

3.《天道》诗

虚玄天道从何知？试看张弓恰合宜。

损益亦当合于慈，居功不傲阴阳机。

第七十八章　任信

真传之言：

天下柔弱，莫过于水。而攻坚强者，莫之能胜，其无以易之。故柔胜刚，弱胜强，天下莫不知，莫能行。是以圣人云："受国之垢，是为社稷主；受国之不祥，是为天下王。"正言若反。

真传释义：

1. 圣人人格：圣人柔弱无为，虚怀若谷，坚心守道。

2. 内涵解析：前章明辨刚柔损益，本章举水为喻，劝诫柔弱应世。本章有三层意思：第一，明刚劣柔胜；第二，叹息凡不能行柔之道；第三，引用圣人所言，示其正道。

第一，明刚劣柔胜。

天下柔弱，莫过于水。而攻坚强者，莫之能胜。

御注：以坚破坚，必两坚俱损。柔击强者，则强损柔全，故用攻坚强，其无以易于水者矣。意谓天下最柔弱的莫过于水，虽柔却能攻坚伐强而制胜。

其无以易之。

御疏：夫水虽至柔，用攻坚强之物，无能易之者，岂不以其有不争之德，无守胜之心乎。理国修身，亦当如此。河上公曰：大攻坚强者，无以易于水。意谓战胜刚强的，莫过于水了。

第二，叹息凡不能行柔之道。

故柔胜刚，弱胜强，天下莫不知，莫能行。

御注：柔弱之道，胜于刚强，天下人莫能知，此道不能行。意谓水虽柔弱却能水滴石穿战胜刚强，这个道理天下之人都知道，但是做不到。

第三，引用圣人所言，示其正道。

是以圣人云："受国之垢，是为社稷主；受国之不祥，是为天下王。"

御注：引万方之罪，是受国之垢。独称孤寡不谷，是受国之不祥。其德如此，则社稷有奉也。意谓引用圣人说的话来证明上述所言是正确的。圣人说：人君能忍受全国的屈辱，引万方之罪在己，才配做国家的君主；能谦居用柔，承受起全国的灾患，则天下归仁，才有资格做天下的君王。

正言若反。

河上公曰：此乃为正直之言，世人不知，以为反言也。意谓柔的能够克服刚强的，弱的可以战胜强大的，能承受屈辱、灾患的人才有资格做天下的君王。这好像是在说反话，好像是在颠倒黑白，其实，这才是符合实际的正直之言。

3.《任信》诗

柔弱胜刚亦真知，皆因其中有生机。

贤德君王心明此，谦和忍辱天下理。

第七十九章　任契

真传之言：

和大怨，必有余怨，安可以为善？是以圣人执左契，而不责于人。故有德司契，无德司彻，天道无亲，常与善人。

真传释义：

1. 圣人人格：圣人施不望报，达于忘境。

2. 内涵解析：前章明柔弱胜刚强，本章明圣人施不望报，达于忘境。

和大怨，必有余怨，安可以为善？

河上公曰：和大怨，杀人者死，伤人者刑，以相和报也。必有余怨，任刑者失人情，必有余怨及于良民。御注：既有余怨，则安可为善。意谓以法和解深重的怨仇，但是人们心中还会留下残余的怨恨，这怎么算是妥善、根本地解决问题的办法呢？

是以圣人执左契，而不责于人。

河上公曰：是以圣人执左契，古者圣人执左契，合符信。无文法律，刻契合符以为信也。而不责于人，但刻契之信，不责人以他事也。意谓圣人虽然手里握有别人的欠条证据，有恩于别人，但是不责备别人不想着让别人还，可谓施恩不求报了。

故有德司契，无德司彻。

御疏：司，主也。彻，通也。言有德之君主司心契，则人将自化。无德之主，不能虚心而忘己，唯欲作法以通人，作法则弊生，故为无德尔。意谓有德之人虽掌管契约却无心于索取债务，而无德之人像收取税务一样，即使未施与人，仍然想着用法律手段向别人索取利益。

天道无亲，常与善人。

河上公曰：天道无有亲疏，唯与善人，则司契者也。意谓天道平等没有亲疏，但以善人行善自然得善报回应。

3.《任契》诗

无心施恩不望报，有德司契怨即消。

莫道行善无人晓，古来有道民自朝。

第八十章　独立

真传之言：

小国寡民，使有什伯之器而不用，使民重死而不远徙。虽有舟舆，无所乘之；虽有甲兵，无所陈之，使民复结绳而用之。甘其食，美其服，安其居，乐其俗。邻国相望，鸡犬之声相闻，民至老死不相往来。

真传释义：

1. 圣人人格：圣人无为而治。

2. 内涵解析：前章显圣人行德忘德，本章显圣人无为而治，天下归仁与朴之境况。本章有四层意思：第一，明心要不入尘境；第二，明舍教忘筌，得意忘言；第三，明返古还淳，和光同俗；第四，明体真会道，妙绝往来。

第一，明心要不入尘境。

小国寡民，使有什伯之器而不用。

荣曰：圣人理国，用无为之道，所有军戎器械，或少或多，若伯若千，皆悉不用。小国犹尔，况大国乎。意谓圣人治理国家，用无为之道，所有军事武备，无论多少，小国大国都不使用。

使民重死而不远徙。

成疏：诸行重静，知足守分，故得修其天年，而不远逐前境也。意谓使老百姓重视生命，化归淳朴，则民自然静定知足，不会妄逐外境而疲于奔命。

第二，明舍教忘筌，得意忘言。

虽有舟舆，无所乘之。

河上公曰：清静无为，不作繁华，不好出入游娱也。意谓清静无为，虽有造好的船和车，却没有人乘坐使用。

虽有甲兵，无所陈之。

河上公曰：无怨恶于天下。意谓虽然有军队与武器，但是上好道德，万民亦被感化，没有交恶，所以军备武器自然不用陈列于前。

使民复结绳而用之。

河上公曰：去文反质，信无欺也。意谓无为而治，返浇薄还淳朴，民归于质朴，以结绳之语说明百姓返璞归真。

第三，明返古还淳，和光同俗。

甘其食，美其服。

成疏：甘其食，味至道也。美其服，德莹身也。意谓知止知足，道德加身，生活甘美无比。

安其居，乐其俗。

御疏：无欲，故所居则安。化淳，故其俗可乐。若逐欲无节，将自不安其居，苛政且烦，焉得复乐其俗。意谓民无欲返于淳朴，安居乐俗。

第四，明体真会道，妙绝往来。

邻国相望，鸡犬之声相闻，民至老死不相往来。

御疏：列国相望，鸡犬相闻，盖言其近。人至老死不相往来者，由彼此俱足，无所求及故尔。意谓无为而治，百姓淳朴之至，知足常乐，太古之化，家家俱有道，没有贫富贵贱之别，人与人之间和睦相处，国与国之间相安无事，只闻见鸡鸣狗叫的自然之音，永无战马嘶鸣之声，天下太平，万民康乐，如此则人相忘于道，鱼相忘于江湖，妙绝往来。

3.《独立》诗

小国寡民归朴淳，无为自化乐天真。

一派清静田园地，自然风光怡心神。

第八十一章　显质

真传之言：

信言不美，美言不信。善者不辩，辩者不善。知者不博，博者不知。圣人不积，既以为人己愈有，既以与人己愈多。天之道，利而不害，圣人之道，为而不争。

真传释义：

1. 圣人人格：圣人言而有信，为而不争，利物忘功。

2. 内涵解析：前章明无为而治，民安无事天下太平。本章总结前旨，有三层意思：第一，明上德之人，字字从心而发，言皆有信；第二，明上德之人，善于给予；第三，明圣人为而不争，利物忘功。

第一，明上德之人，字字从心而发，言皆有信。

信言不美。

河上公曰：信言者，如其实也。不美者，朴且质也。意谓从心而发的信实之言非常的质朴实在。《庄子》云：犬不以善吠为良，人不以善言为贤也。

美言不信。

河上公曰：滋美之言者，孳孳华辞。不信者，饰伪多空虚也。意谓甘美浮夸伪饰之言大多华而不实，不可信。

善者不辩。

河上公曰：善者以道修身，不采文也。意谓上德之善人以道修身，没有执着，所以行而忘之而不辩说。

第二，明上德之人，善于给予。

辩者不善。

御疏：但能辩说者言教，曾不悟了修行，惑滞既多，故为不善。意谓夸夸其谈、高谈阔论之人能说善道，但是没有实际修持，没有了悟大道，所以是不善的人。

知者不博。

河上公曰：知者谓知道之士，不博者，守一元。意谓知晓大道之人，在乎精一守道，不在乎广博多闻。《庄子》云：文灭质，博溺心。

博者不知。

御疏：夫多闻者则滞于言教，滞教则终日言而尽物，既非了悟，故曰不知。河上公曰：博者多见闻，不知者失要真也。意谓多闻者被言教所束缚，就像以手指月，只在手上打转转，因而无法真正了悟大道。

圣人不积。

成疏：积，聚也。圣人有财惠物，有德教人，故不积也。意谓圣人财德两施，有德教化人，有财惠施于人，不积聚财富。

既以为人己愈有，既以与人己愈多。

严曰：无为之旨，尽以与人己益明，尽以与人己益寿矣。意谓圣人以德教化人，自己的德行日益广大；以自己的财富施与别人，自己的财帛却越来越多，就像日月的光明无有尽时。

第三，明圣人为而不争，利物忘功。

天之道，利而不害。

河上公曰：天生万物爱育之，令长大无所伤害也。意谓上天有好生之德，长养万物，只是利益万物而从不伤害他们。

圣人之道，为而不争。

河上公曰：圣人法天，无所施为，化成事就，不与人争功名，故能全其圣功也。意谓圣人取法于天道，无为而治，利益万物，化成万物，却谦以自牧，功成不居，从不与人、物争名夺利。

3.《显质》诗

法天利物不居功，只因了悟大道行。

时时从心施恩德，天下为公世光明。

参考书目

[1] 韩鹏杰．道德经说什么 [M]．南昌：江西人民出版社，2019．

[2] 憨山德清．老子道德经解 [M]．北京：中华书局，2020．

[3] 强思齐．道德真经玄德纂疏 [M]（电子书）．https://e.jd.com/30056627.html．

[4] 韩金英．《道德经》中的圣人 [M]．北京：团结出版社，2016．

[5] 老子．《道德经》精注精译精评 [M]．北京：线装书局，2014．

[6] 朱谦之．新编诸子集成：老子校释 [M]．北京：中华书局，2017．

后　记

有云：太上忘情。既无情又何来一忘字，老子爷爷之情凝于《道德经》，实乃天地之共情、大情。《道德经》既可使人明晰修、齐、治、平，人人实践又可实现宇宙清平，乃至超凡入圣。诗曰：函谷西去似无情，缘何留下《道德经》？实乃真情大圣人，阐明大道复淳风。

《道德经》版本众多，本人逐一查看，不同版本虽然文字有所出入，但意思相同，实乃圣哲老子真传之言，因此，本人采用了通用的版本。另外，本书如有不当之处，敬请大家批评指正。

大道本无可言说，在人以言而悟，悟而行，行而证，悟证后风光，如人饮水，冷暖自知，不再赘言。

最后，特别感谢我的弟弟强建华多年来一直鼓励我修学道家文化；同时特别感谢青岛于知乎与北京韩金英老师指导我品悟《老子》一书；也感谢我生命旅途中遇到的每一位有缘者。

强玉红

完稿于 2021 年 5 月 9 日